LE CHOCOLAT QUI ME FAIT CRAQUER

*Pour Sylvie Douce et François Jeantet, mes amis
et meilleurs ambassadeurs du chocolat à travers le monde…*

ISBN : 978-2-324-00855-9

Dépôt légal : octobre 2014
Imprimé en France par Pollina - L69219

Direction éditoriale : Aurélie Starckmann
Édition : Charlotte Becchio

Photographies de Laurent Fau
Photo de couverture : © Stéphane de Bourgies
Conception graphique et maquette : Studio Rougereau
Correction : Christine Cameau

Éditions Gründ, un département d'Édi8
12, avenue d'Italie
75013 Paris – France
Tél. : 01 44 16 09 00
Fax : 01 44 16 09 01

Site internet : www.grund.fr

Christophe

MICHALAK

Photographies de Laurent Fau

LE CHOCOLAT QUI ME FAIT CRAQUER

Gründ

SOMMAIRE

ÉDITO

CHRISTOPHE...

LE PÂTISSIER QUI NOUS FAIT FONDRE

Petit apprenti d'une modeste pâtisserie de province, il est aujourd'hui, à 40 ans, l'un des chefs pâtissiers les plus reconnus de la profession. Enfant, il voulait être dessinateur, ce qui dénotait déjà un sens artistique développé ; faute d'entrer aux Beaux-Arts, il passe directement à la vie active. « À 15 ans, à mes débuts, j'ai eu un éclair de lucidité : j'ai compris qu'on pouvait donner beaucoup de bonheur avec peu de chose. On ne peut pas être pâtissier sans être généreux et gourmand, mon métier me permet de m'exprimer à travers mes créations, le désir de faire plaisir aux autres s'est alors emparé de moi », raconte-t-il.

À 16 ans, il se constitue une bibliothèque culinaire qu'il ne cesse de compléter. Il cultive sa mémoire gustative, outil essentiel du maître pâtissier. « Je me suis contraint ; la vie m'a façonné », avoue-t-il. Promu premier de son école, il décide d'apprendre son métier en traversant le monde et ses cultures. Il fait ses classes chez Fauchon et Ladurée et devient, en 2000, le chef pâtissier de l'hôtel Plaza Athénée, le palace des stars de l'avenue Montaigne.

Vainqueur de la Coupe du monde de la pâtisserie en 2005, il atteint son rêve d'enfant et se promet de transmettre son savoir pour pouvoir être le digne ambassadeur de la pâtisserie française. En 2009, il hisse au sommet l'un de ses plus proches collaborateurs, Jérôme de Oliveira, qui décroche à son tour le titre de champion du monde et permet au Plaza Athénée de devenir le seul hôtel au monde à posséder deux médailles d'or. Enfin, en 2013, il ouvre son école de pâtisserie *Michalak Masterclass* et *Take Away* au 60, rue du Faubourg-Poissonnière à Paris. Avec l'humilité qui le caractérise, Christophe Michalak déclare : « Ce n'est pas le sommet qui est important, c'est d'y rester. » Cet éternel gourmand développe chaque jour son envie de surprendre et de revisiter de grands classiques de la pâtisserie. On doit au chef des dizaines de douceurs aussi désirables que la religieuse au caramel beurre de sel, les macarons pêche Melba ou les incontournables Bisounours en guimauve ! « J'habille mes gâteaux comme le ferait un grand couturier avec les femmes, le beau et le bon sont indissociables ! Déceler une douce folie gourmande dans les yeux des clients est une ivresse qui n'a pas de prix. »

Sensible et passionné, il décide de créer les tendances, et surtout de ne pas suivre les sentiers battus. Il aime citer cette phrase mythique de Bob Kennedy : « Certains voient la réalité et disent : pourquoi ?... Moi je rêve de l'impossible et dis : pourquoi pas ! »

LE PETIT MOT DE CHRISTOPHE

Encore un livre sur le chocolat, me direz-vous ?
Eh bien oui, c'est mon péché mignon, je ne peux pas me passer de chocolat dans une journée, qu'il soit à croquer, liquide, chaud ou froid, j'en suis dingue !!!
À l'inverse de mes amis chocolatiers qui maîtrisent leur art mieux que personne, je travaille le chocolat en le transformant et en le déclinant, en une glace, un crémeux, un cake… ce qui nécessite une technique beaucoup plus simple.
Je me suis vraiment pris au jeu pour réaliser ces desserts chocolatés. Je n'ai pas voulu tromper les lecteurs et me suis mis en difficulté afin de ne pas trop complexifier les recettes suivantes.
La plupart d'entre elles sont très simples, d'autres plus délicates, certaines très pointues… Le principal à mes yeux étant de créer des émotions gustatives et visuelles avec un maximum d'efficacité.
La cuisine est un jeu d'association et de cuisson, où l'interprétation de chaque mets est illimitée. Dans mon beau métier qu'est la pâtisserie, il est hélas rare d'improviser, tout doit être pesé et les recettes sont à suivre à la lettre…
Alors, seulement après avoir maîtrisé les textures, saveurs et cuissons, vous pourrez laisser s'exprimer l'artiste qui est en vous.
Soyez patients, donnez beaucoup d'amour et de vous dans vos gâteaux… et n'oubliez pas tout le bonheur que vous allez procurer grâce à cette gourmandise noble qu'est le chocolat !
Bon appétit !

Le site de Christophe : www.christophemichalak.com

ACCESSOIRES

INDISPENSABLES

POUR RÉUSSIR VOS PÂTISSERIES

LA PÂTISSERIE EST UNE SCIENCE EXACTE. IL SUFFIT DE SUIVRE SCRUPULEUSEMENT UNE RECETTE POUR TRADUIRE L'EXCELLENCE QUE VOUS RECHERCHEZ. ELLE EXIGE PEU DE TEMPS, MAIS DE LA DISPONIBILITÉ, DES ACCESSOIRES FIABLES DONT IL EST DIFFICILE DE SE PASSER ET DONT LE PLUS IMPORTANT RESTE... LA BALANCE.

JE NE SAURAIS QUE TROP VOUS ENCOURAGER À TOUT PESER, MÊME LES LIQUIDES OU DES PRODUITS COULANTS COMME LES ŒUFS. RÉUSSIR SES GÂTEAUX DEMANDE PLUS DE PRÉCISION QUE DE SAVOIR-FAIRE. C'EST UN PLAISIR MINUTIEUX. À CE PRIX, VOUS CONSTATEREZ QUE LA PERFECTION EST FACILE.

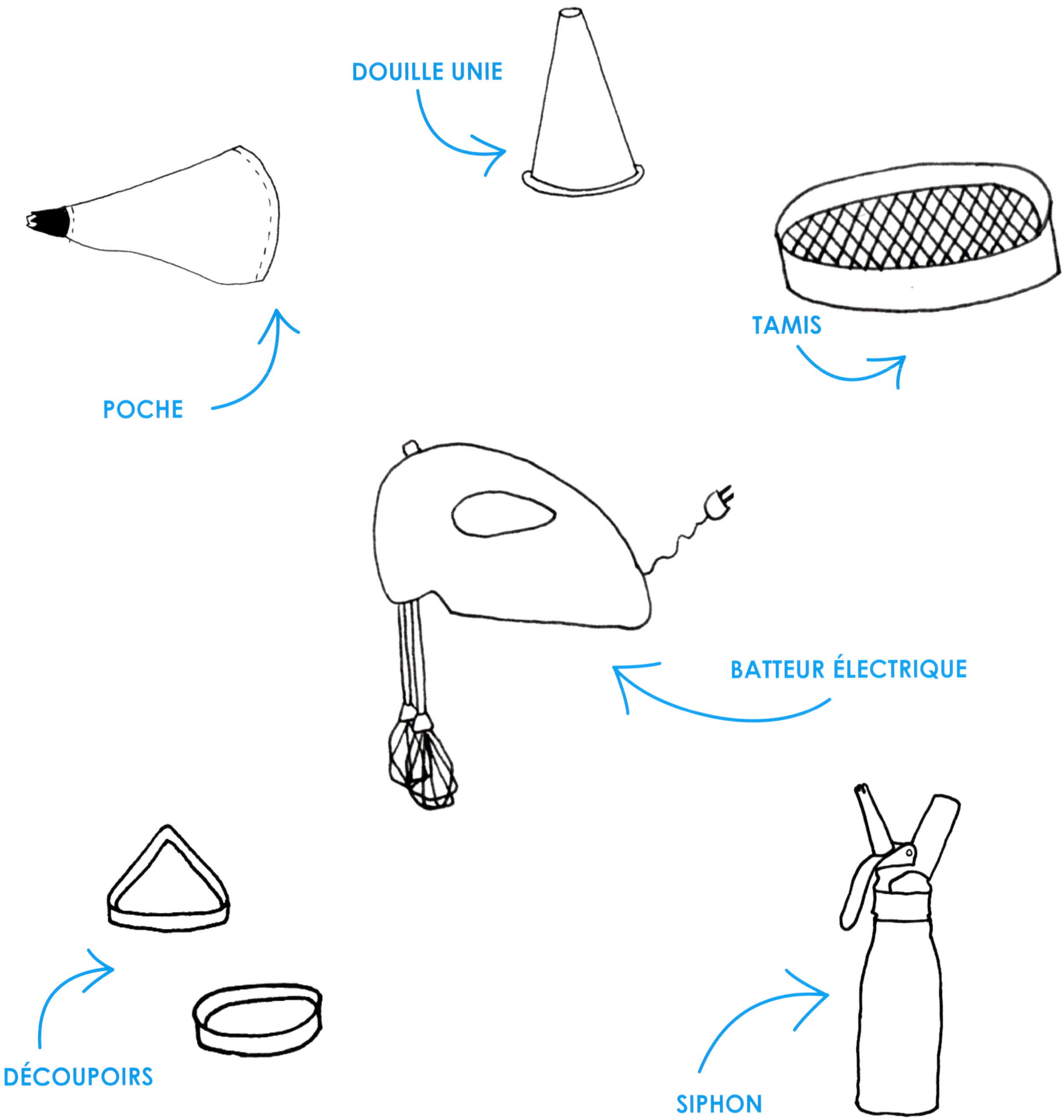
DOUILLE UNIE
POCHE
TAMIS
BATTEUR ÉLECTRIQUE
DÉCOUPOIRS
SIPHON

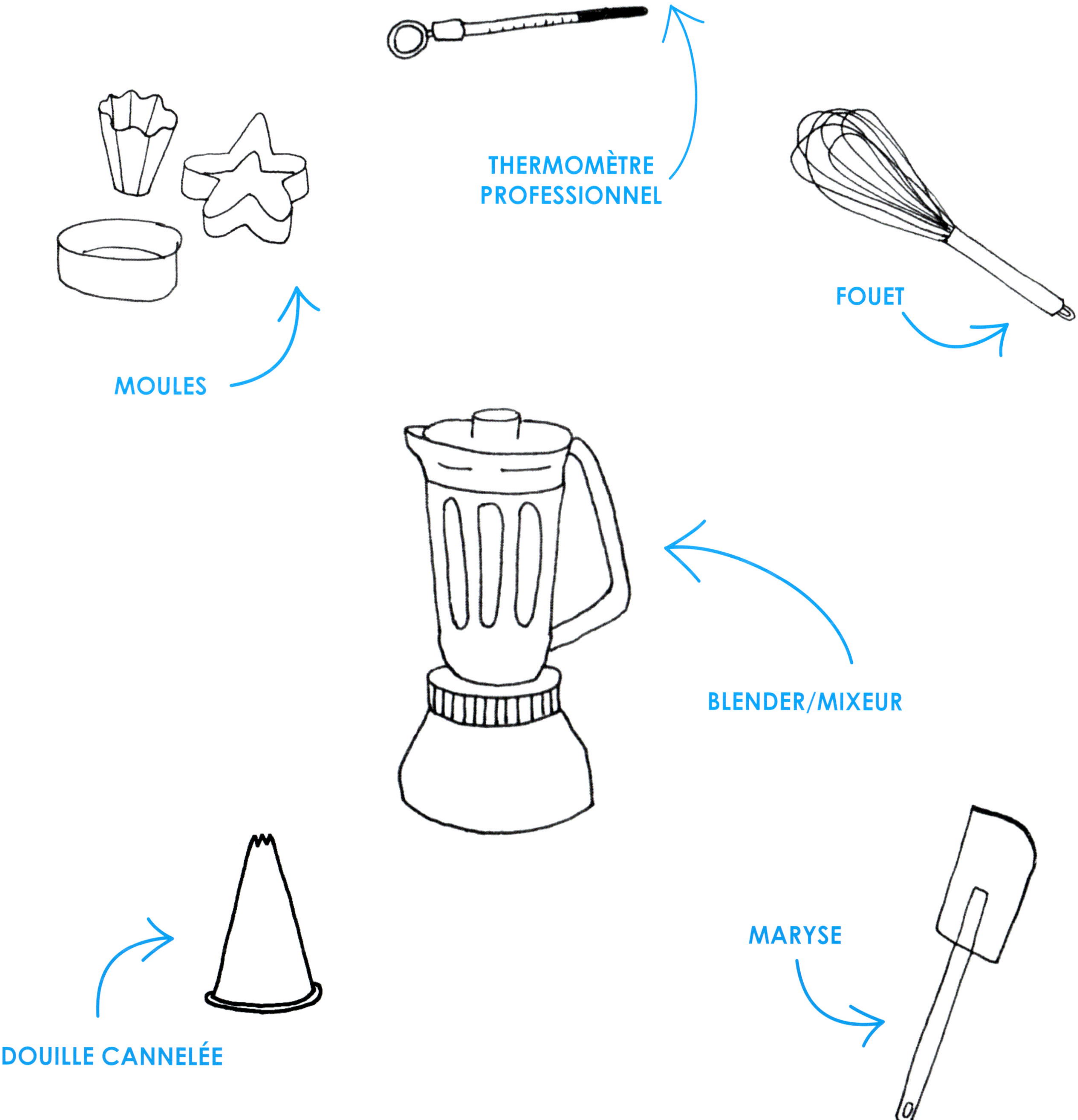
THERMOMÈTRE PROFESSIONNEL
MOULES
FOUET
BLENDER/MIXEUR
DOUILLE CANNELÉE
MARYSE

0

AVANT DE COMMENCER

Chers lecteurs,

Avant de commencer ces recettes chocolatées, voici **10 conseils incontournables :**

1. Assurez-vous bien d'avoir tous les ingrédients.
2. Faites votre liste de matériel nécessaire.
3. N'hésitez pas à acheter des ingrédients dans de bonnes épiceries, ou chez de très bons artisans pâtissiers, glaciers, chocolatiers ou boulangers.
4. Certaines recettes se préparent la veille. Prenez le temps d'atteindre votre but, même si vous êtes comme moi, c'est-à-dire trop pressé et trop gourmand !
5. S'il vous plaît… lisez et pesez précisément tous les ingrédients avant de passer à la pratique.
6. Si c'est votre conjoint ou parent qui fait la vaisselle… ayez un peu de pitié ! J'étais très brouillon lorsque j'ai commencé mon métier, je l'ai été beaucoup moins lorsque j'ai dû nettoyer moi-même tous les ustensiles !!!
7. Vous avez fait une erreur ? Pas de panique, cela m'arrive encore trop souvent… L'essentiel est de ne pas recommencer !
8. Faire son gâteau maison… ça se respecte !
9. Manger de bon cœur ou par amour ne fait pas grossir… mais courez une heure chaque matin en méditant là-dessus…
10. Offrir un gâteau à ceux que l'on aime n'a pas de prix.

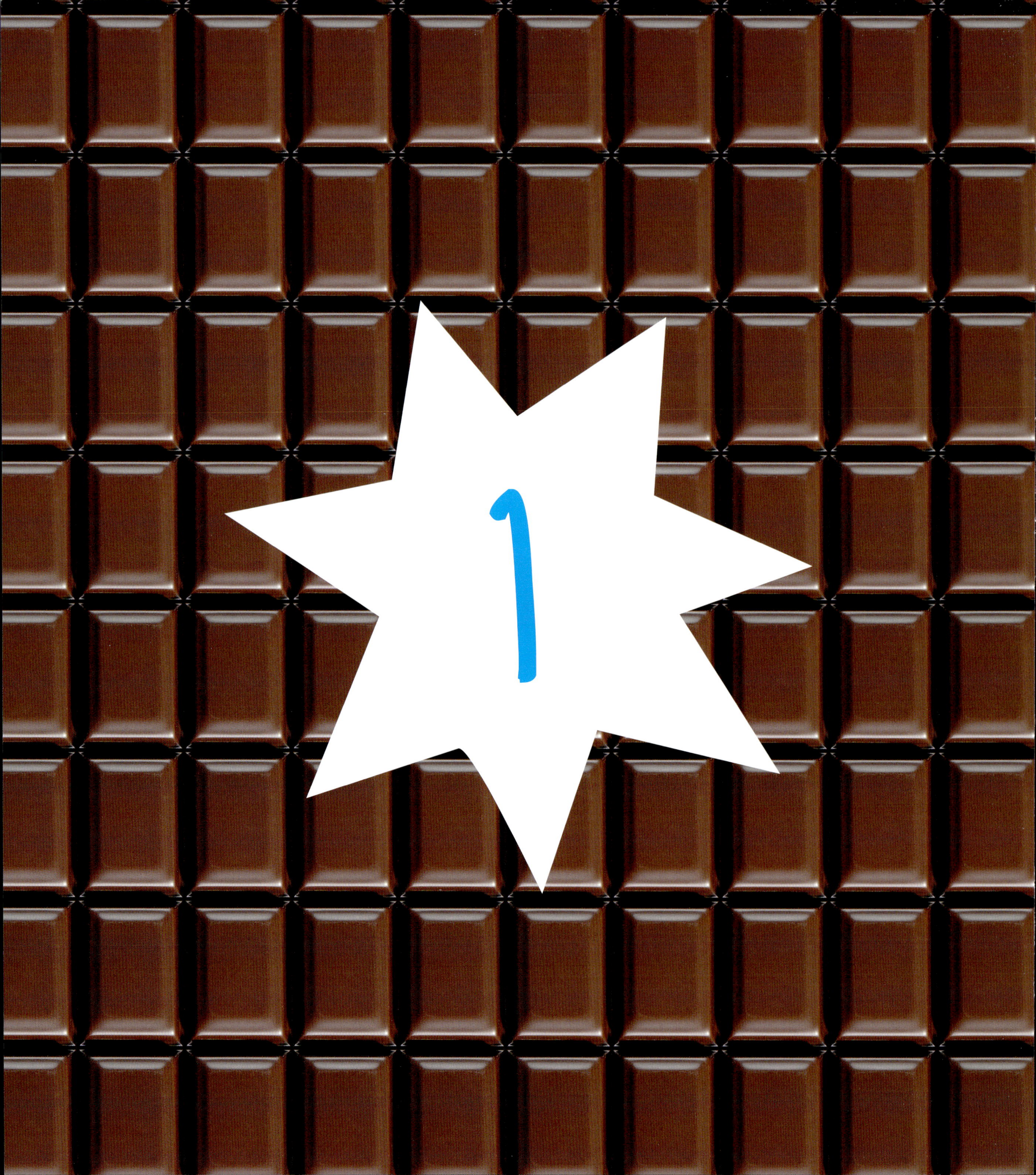
1

MES RECETTES AU CHOCOLAT NOIR

MES RECETTES AU CHOCOLAT NOIR

« *Le chocolat noir est composé de fèves et de beurre de cacao, ainsi que de sucre. Il reste un modèle de saveurs pour les grands amateurs de chocolat amer. Ce n'est pas son pourcentage en cacao qui le rendra meilleur mais l'origine des fèves de cacao, et surtout leur qualité. Comme le vin, il développera des arômes différents suivant la provenance de ses fèves. Personnellement, j'aime l'associer aux agrumes ou utiliser son amertume pour rendre un gâteau moins sucré et plus puissant en cacao. Dans les recettes suivantes, j'ai opté pour un chocolat composé à 66 % de cacao d'origine des Caraïbes.* »

PUDDING
QUI DÉCHIRE !!!

Je réalisais ce dessert lorsque je travaillais à New York. On le servait avec une glace au sirop d'érable… et je peux vous dire que j'en ai mangé au minimum un par jour pendant près d'un an… tellement c'était bon !

INGRÉDIENTS

POUR 4 PERSONNES

CRÈME AUX ŒUFS CHOCOLAT

LAIT ENTIER	100 g (10 cl)
CRÈME LIQUIDE (35 % MG)	165 g (16,5 cl)
CHOCOLAT NOIR (66 % CACAO)	50 g
CHOCOLAT AU LAIT (40 % CACAO)	40 g
JAUNES D'ŒUFS	60 g (3)

DIVERS

PAIN DE MIE	8 TRANCHES
BEURRE	50 g
SUCRE CASSONADE	50 g

NIVEAU DE DIFFICULTÉ : ●○○

PRÉPARATION : 20 MIN - **CUISSON** : 30 MIN - **DÉGUSTATION** : TEMPÉRATURE AMBIANTE

Crème aux œufs chocolat : Dans une casserole, faites bouillir le lait et la crème, puis versez sur les chocolats préalablement hachés.
Mélangez énergiquement à l'aide d'un fouet. Ajoutez les jaunes d'œufs puis mixez.
Versez sur le pain de mie légèrement toasté et coupé en cubes.
Remuez bien à l'aide d'une grosse cuillère.
Versez le tout dans un plat à gratin beurré et sucré.

Finition : Faites cuire dans un four préchauffé à 150 °C (th. 5) environ 30 minutes.

SOUFFLÉ PUR CHOC
LA RÉFÉRENCE...

Cette recette exceptionnelle est réalisée par Kamel Guechida, chef pâtissier des restaurants de Joël Robuchon à Las Vegas. C'est la meilleure recette de soufflé chocolat que j'ai pu savourer dans ma vie... Un must, bravo et merci au talentueux Kamel !

INGRÉDIENTS

POUR 4 PERSONNES

- BLANCS D'ŒUFS .... 150 g (5)
- SUCRE SEMOULE .... 60 g
- CHOCOLAT NOIR (66 % CACAO) .... 75 g

DIVERS

- BEURRE .... 50 g
- CHOCOLAT NOIR (66 % CACAO) .... 50 g

NIVEAU DE DIFFICULTÉ : ●○○

PRÉPARATION : 30 MIN - **CUISSON** : 10 MIN - **DÉGUSTATION** : BIEN CHAUD

Dans une jatte, mélangez les blancs d'œufs crus avec le sucre semoule.

Placez le saladier sur une casserole d'eau bouillante et pochez le tout au bain-marie en remuant avec un fouet jusqu'à ce que le mélange atteigne 45 °C.

Sortez du bain-marie, puis montez l'ensemble au fouet électrique à vitesse moyenne pendant environ 10 minutes ; c'est ce que l'on appelle une meringue suisse !

Pendant ce temps, faites fondre le chocolat préalablement concassé au micro-ondes à 35 °C.

À l'aide d'un fouet, mélangez délicatement la meringue avec le chocolat fondu, dressez dans des verres généreusement chemisés de beurre mou. Lissez à ras.

Faites cuire sans attendre dans un four préchauffé à 190 °C (th. 6/7) pendant 10 minutes.

Finition : À la sortie du four, parsemez le sommet de chaque soufflé d'éclats de chocolat noir. Dégustez tout de suite...

RESPECTEZ SCRUPULEUSEMENT LES TEMPÉRATURES, FAITES CUIRE SANS ATTENDRE, ET SURTOUT... UTILISEZ UN BEURRE MOU POUR CHEMISER VOS VERRES... LE RÉSULTAT EST ÉPOUSTOUFLANT !

SABLÉS
POUR JOUER AUX FLÉCHETTES

Ces petits sablés sont parfaits pour un goûter. Avec cette technique, vous êtes sûr d'atteindre le centre de votre cible… la gourmandise !

POUR 4 PERSONNES

INGRÉDIENTS

PÂTE À SABLÉ VANILLE

FARINE T45	235 g
BEURRE DEMI-SEL	210 g
SUCRE SEMOULE	80 g
JAUNE D'ŒUF	20 g (1)
VANILLE	1 GOUSSE (RÉCUPÉREZ LES GRAINES)

PÂTE À SABLÉ CHOCOLAT

FARINE T45	210 g
CACAO EN POUDRE	25 g
BEURRE DEMI-SEL	210 g
SUCRE SEMOULE	80 g
JAUNE D'ŒUF	20 g (1)

DIVERS

BLANC D'ŒUF	30 g (1)

NIVEAU DE DIFFICULTÉ : ●○○

PRÉPARATION : 30 MIN - **CUISSON** : 20 MIN - **REPOS** : 1 H - **DÉGUSTATION** : TEMPÉRATURE AMBIANTE

Pâte à sablé vanille : Tamisez la farine. Passez le beurre au micro-ondes pour le ramollir. Mélangez tous les ingrédients.

Étalez la pâte entre deux feuilles de film alimentaire, à l'aide d'un rouleau, pour obtenir un carré de 20 x 20 cm.

Pâte à sablé chocolat : Tamisez la farine et le cacao. Réalisez le même procédé que pour la pâte à sablé vanille.

Au pinceau, badigeonnez la surface du sablé vanille d'un peu de blanc d'œuf cru.

Superposez le sablé chocolat, puis roulez le tout. Réservez 1 heure au réfrigérateur.

Finition : Découpez des rondelles de sablés d'1 cm d'épaisseur, disposez-les sur la plaque du four recouverte de papier cuisson.

Faites cuire dans un four préchauffé à 160 °C (th. 5/6) pendant environ 20 minutes.

LAISSEZ REFROIDIR LES SABLÉS SUR LA PLAQUE CHAUDE, ILS SERONT PLUS CROUSTILLANTS. STOCKEZ-LES ENSUITE DANS DES BOÎTES HERMÉTIQUES, DANS UN ENDROIT SEC.

PIZZA
MI-AMÈRE, MI-AMOR

Frédéric Robert immortalisa la pizza au chocolat au restaurant Spoon d'Alain Ducasse. Je ne fais qu'apporter ma modeste contribution à cet incroyable dessert !

POUR 4 PERSONNES

INGRÉDIENTS

- PÂTE À BRIOCHE (CHEZ VOTRE BOULANGER) ..... 100 g
- BEURRE ..... 35 g
- MASCARPONE ..... 35 g
- SUCRE MUSCOVADO ..... 35 g

DIVERS

- PAMPLEMOUSSE ROSE 1
- ORANGES CONFITES ..... 35 g
- CHOCOLAT NOIR (66 % CACAO) ..... 50 g
- NOUGAT ..... QUELQUES CUBES

NIVEAU DE DIFFICULTÉ : ● ○ ○

PRÉPARATION : 30 MIN - **CUISSON** : 8 MIN - **REPOS** : 30 MIN - **DÉGUSTATION** : TEMPÉRATURE AMBIANTE

Étalez la pâte à brioche en rond, sur une épaisseur de 2 mm et un diamètre de 25 cm. Déposez-la sur une plaque recouverte de papier cuisson.

Laissez pousser 30 minutes dans la pièce la plus chaude de la maison en apposant un film alimentaire sur la surface de la pâte afin qu'elle ne croûte pas.

Dans une jatte, mélangez le beurre mou avec le mascarpone et le sucre muscovado à l'aide d'un fouet. Tartinez le tout avec une cuillère sur la surface de la pâte à brioche.

Prélevez les suprêmes du pamplemousse, coupez-les en petits cubes, ainsi que les écorces d'oranges confites. Répartissez les fruits sur la pizza.

Faites cuire dans un four préchauffé à 200 °C (th. 7) pendant environ 8 minutes.

Finition : Râpez le chocolat noir au-dessus de la pizza, parsemez-la de cubes de nougat. Réservez sur une grille.

Dégustez tiède…

YAOURT
ALLÉGÉ... MAIS PAS EN CHOCOLAT

C'est un de mes péchés mignons, dont je ne peux pas me passer. Le matin, je suis capable de dévorer 5 à 6 yaourts d'affilée, tellement cette recette est légère !

INGRÉDIENTS

POUR 4 PERSONNES

YAOURT CHOCOLAT

- LAIT ENTIER .... 435 g (43,5 cl)
- SUCRE SEMOULE .... 40 g
- GÉLATINE .... 5 g (2,5 FEUILLES)
- CHOCOLAT NOIR (66 % CACAO) .... 50 g

SAUCE CHOCOLAT

- LAIT ENTIER .... 150 g (15 cl)
- MIEL D'ACACIA .... 40 g
- CHOCOLAT NOIR (66 % CACAO) .... 120 g

NIVEAU DE DIFFICULTÉ : ● ○ ○

PRÉPARATION : 20 MIN - **REPOS** : 1 H - **DÉGUSTATION** : BIEN FRAIS

Yaourt chocolat : Dans une casserole, faites chauffer le lait avec le sucre à frémissement. Ajoutez la gélatine préalablement ramollie dans de l'eau froide et essorée.

Versez sur le chocolat haché. Remuez bien à l'aide d'un fouet. Mixez.

Coulez aux 3/4 dans des petits pots en verre.

Réservez au minimum 1 heure au réfrigérateur.

Sauce chocolat : Dans une casserole, faites bouillir le lait et le miel.

Versez sur le chocolat haché.

Remuez bien à l'aide d'un fouet. Mixez.

Finition : Sortez les yaourts bien frais du réfrigérateur et coulez 2 mm de sauce chocolat tiède sur la surface.

Dégustez sans attendre.

CORNET CROUSTI-CRAQUANT
AU CHOCOLAT EXPLOSIF

Idéal à déguster devant la télé, en regardant un match, entouré de ses amis ou de sa famille !!!

POUR 4 PERSONNES

INGRÉDIENTS

CHOCOLAT NOIR (66 % CACAO)	100 g
CHOCOLAT AU LAIT (40 % CACAO)	50 g
NOISETTES GRILLÉES CONCASSÉES	50 g
CACAHUÈTES GRILLÉES CONCASSÉES	25 g
NOIX DE PÉCAN GRILLÉES CONCASSÉES	25 g
NOIX DE COCO EN POUDRE GRILLÉE	25 g
ORANGES CONFITES EN CUBES	50 g
RIZ SOUFFLÉ	50 g
POUDRE PÉTILLANTE (PETA ZETA®)	5 g

DIVERS

SAUCE CHOCOLAT	(VOIR P. 38)

NIVEAU DE DIFFICULTÉ : ●○○

PRÉPARATION : 20 MIN - **REPOS** : 20 MIN - **DÉGUSTATION** : TEMPÉRATURE AMBIANTE

Dans un bac en plastique, faites fondre les chocolats, préalablement concassés, au micro-ondes (puissance moyenne), sans dépasser 34 °C.

Ajoutez ensuite tous les ingrédients, remuez bien.

Dressez dans 4 grands cônes en papier.

Laissez refroidir 20 minutes au réfrigérateur.

Finition : Enlevez délicatement le papier et replacez le cône dans un joli cornet de couleur rouge.

Versez la sauce chocolat tiède à la surface du cône.

LES BONBONS PETA ZETA® SONT DE PETITS MORCEAUX DE SUCRE CUIT ASSOCIÉS À DU DIOXYDE DE CARBONE (CO_2). LORSQUE CES BONBONS ENTRENT EN CONTACT AVEC DE L'HUMIDITÉ (VOTRE SALIVE), LE GAZ CARBONIQUE S'ÉCHAPPE, DONNANT CETTE SENSATION DE PÉTILLANT...

CHOCOLAT CHAUD
COMME À MADRID

Le chocolat chaud espagnol est très épais, on le mange plus qu'on le boit… Je vous conseille de le déguster avec une cuillère… Personnellement, j'adooore !

POUR 4 PERSONNES

INGRÉDIENTS

CHOCOLAT CHAUD

CACAO EN POUDRE	10 g
CHOCOLAT NOIR (66 % CACAO)	50 g
CHOCOLAT AU LAIT (40 % CACAO)	80 g
SUCRE CASSONADE	10 g
FÉCULE DE POMME DE TERRE	10 g
LAIT ENTIER	500 g (50 cl)
SEL FIN	1 PETITE PINCÉE

ÉCUME DE LAIT

LAIT ÉCRÉMÉ	250 g (25 cl)
SUCRE CASSONADE	20 g
QUATRE-ÉPICES	1 PETITE PINCÉE

NIVEAU DE DIFFICULTÉ : ●○○

PRÉPARATION : 15 MIN - **DÉGUSTATION** : CHAUD, MAIS PAS BRÛLANT

Chocolat chaud : Dans la cuve d'un Robot-Coupe®, broyez en poudre les chocolats avec le cacao, le sucre cassonade, le sel et la fécule de pomme de terre.

Dans une casserole, faites bouillir le lait entier, puis versez le mélange précédent. Portez de nouveau à ébullition en remuant vivement à l'aide d'un fouet. Mixez.

Versez dans les verres.

Écume de lait : Dans une casserole, faites bouillir le lait, les épices et le sucre cassonade. Mixez vivement la surface avec un mixeur. Récupérez seulement l'écume épicée et déposez-la au-dessus du chocolat chaud.

LE SECRET DE CETTE RECETTE EST DE RÉALISER UNE QUANTITÉ PLUS IMPORTANTE DE POUDRE DE CHOCOLAT. STOCKEZ-LA DANS UN ENDROIT SEC, PUIS, AU MOMENT DE LA DÉGUSTER, MÉLANGEZ-EN 160 g AVEC 50 cl DE LAIT. DONNEZ UN BOUILLON ET LE TOUR EST JOUÉ…

PAUSE-CAFÉ
COMME ON EN RÊVERAIT À LA CAFÉTÉRIA

Voici les idées farfelues d'un pâtissier… à force de regarder la série "Caméra Café" sur M6.

POUR 4 PERSONNES

INGRÉDIENTS

MOUSSE CHOCOLAT

BLANCS D'ŒUFS	90 g (3)
SUCRE CASSONADE	15 g
CHOCOLAT NOIR (66 % CACAO)	70 g
BEURRE	20 g
JAUNE D'ŒUF	20 g (1)

CHANTILLY CAFÉ ANISÉE

CRÈME LIQUIDE (35 % MG)	200 g (20 cl)
SUCRE SEMOULE	20 g
PASTIS	5 g (0,5 cl)
ESSENCE DE CAFÉ	5 g (0,5 cl)

DIVERS

CACAHUÈTES APÉRITIF	50 g
CAFÉ SOLUBLE	5 g (0,5 cl)

NIVEAU DE DIFFICULTÉ : ●○○

PRÉPARATION : 1 H - **REPOS** : 1 H - **DÉGUSTATION** : SORTIR LA MOUSSE CHOCOLAT DU RÉFRIGÉRATEUR 20 MIN AVANT

Mousse chocolat : Sortez les blancs d'œufs du réfrigérateur au minimum 1 heure avant de commencer la recette.

Dans la cuve d'un batteur électrique muni d'un fouet, montez à vitesse moyenne ces blancs d'œufs crus et le sucre cassonade pour obtenir une meringue souple.

Dans une jatte en plastique, faites fondre le chocolat, préalablement concassé, avec le beurre, au micro-ondes à environ 45 °C. Ajoutez le jaune d'œuf en remuant vivement à l'aide d'un fouet.

Incorporez la meringue en trois fois et remuez délicatement.

Chantilly café anisée : Mélangez tous les ingrédients dans la cuve d'un batteur électrique muni d'un fouet. Émulsionnez pour obtenir la texture d'une crème Chantilly (assez souple).

Finition : Dans des gobelets en plastique légèrement écrasés, dressez à mi-hauteur la mousse au chocolat, puis stockez au minimum 1 heure au réfrigérateur.

Au moment de la dégustation, répartissez les cacahuètes dans les gobelets, puis la chantilly café anisée. Parsemez de café soluble et dégustez sans attendre.

JE ME SUIS AMUSÉ POUR CETTE PHOTO À CHEMISER DES VERRES EN PLASTIQUE AVEC DU CHOCOLAT (VOIR MISE AU POINT DU CHOCOLAT, P. 144). C'EST UNE VARIANTE UN PEU PLUS COMPLIQUÉE, CERTES… MAIS EFFET GARANTI POUR ÉPATER SES CONVIVES !

CIGARETTES CHOCO
POUR PETITS ET GRANDS

Cette version simplifiée est inspirée d'une recette de mon ami Vincent Guerlais. Installé à Nantes, il réalise des disques de pâte à cigarettes, qu'il garnit d'un gianduja puis enrobe de chocolat noir… les "Angéliks" !

INGRÉDIENTS

POUR 4 PERSONNES

- GIANDUJA LAIT NOISETTE (VOIR P. 140 OU CHEZ VOTRE ÉPICIER) .... 150 g
- CIGARETTES RUSSES .... 1 PAQUET
- CHOCOLAT NOIR (66 % CACAO) .... 200 g

NIVEAU DE DIFFICULTÉ : ●○○

PRÉPARATION : 1 H - **REPOS** : 20 MIN - **DÉGUSTATION** : TEMPÉRATURE AMBIANTE

Dans un bac en plastique, faites fondre le gianduja au micro-ondes à environ 30 °C. Laissez refroidir pour que la masse devienne plus épaisse.

Dressez le gianduja dans une poche en plastique et garnissez-en très généreusement les cigarettes russes.

Réservez 20 minutes au congélateur.

Finition : Dans un récipient, faites fondre le chocolat noir au micro-ondes à une température maximum de 34 °C. Muni de gants en plastique, trempez vos cigarettes une par une dans le chocolat. Enlevez l'excédent de chocolat pour obtenir une fine couche.

Laissez revenir à température ambiante avant de déguster.

MERINGUE CHOCOLATÉE
AU CŒUR DE VANILLE GLACÉ

Ceci est une version plus chocolatée du fameux Mystère® de notre enfance. Mais ici, ce n'est pas la meringue qui en est le cœur mais la glace vanille !

INGRÉDIENTS

POUR 4 PERSONNES

MERINGUES (ACHETÉES CHEZ VOTRE BOULANGER OU EN ÉPICERIE)	8
GLACE VANILLE (CHEZ VOTRE ARTISAN GLACIER)	200 g
GLAÇAGE OPÉRA AUX FRUITS SECS (VOIR P. 142)	250 g

NIVEAU DE DIFFICULTÉ : ●○○

PRÉPARATION : 30 MIN - **REPOS** : 1 H - **DÉGUSTATION** : SORTIR DU CONGÉLATEUR 5 MIN AVANT

✱ Retournez vos meringues, creusez-les délicatement avec un petit couteau pour obtenir une belle cavité.

Mettez la glace vanille dans une poche en plastique sans douille, coupez l'extrémité et garnissez les meringues. Plantez un cure-dent dans la glace.

Congelez au minimum 1 heure.

✱ **Finition :** Trempez chaque meringue en une seule fois dans le glaçage opéra aux fruits secs, préalablement fondu au micro-ondes à une température de 40 °C.

Réservez au congélateur.

RÉSERVEZ VOS MERINGUES GLACÉES AU MINIMUM 1 HEURE AU CONGÉLATEUR AVANT DE LES DÉGUSTER... LA MERINGUE CROQUANTE VA SE RAMOLLIR LÉGÈREMENT, LAISSANT PLACE AU FONDANT DE LA GLACE VANILLE... IRRÉSISTIBLE !

MONSIEUR PATATE
À CROQUER...

En souvenir de Toy Story et du fameux Monsieur Patate qui râlait tout le temps... La "patate" est un petit gâteau qui a été pendant très longtemps sur la carte des pâtisseries françaises. C'est un classique qui mérite d'être revisité...

INGRÉDIENTS

POUR 4 PERSONNES

- GANACHE CHOCOLAT (VOIR P. 139) .... 200 g
- BRISURES DE BISCUIT CAPUCINE (VOIR P. 52) .... 200 g
- PÂTE D'AMANDES (50 % CHEZ VOTRE PÂTISSIER) .... 250 g
- CACAO EN POUDRE .... 10 g
- BILLES DE CHOCOLAT

NIVEAU DE DIFFICULTÉ : ●○○

PRÉPARATION : 20 MIN - **REPOS** : 30 MIN - **DÉGUSTATION** : TEMPÉRATURE AMBIANTE

Faites ramollir la ganache chocolat au micro-ondes.

Ajoutez les brisures sèches de biscuit capucine.

Mélangez bien, déposez sur un film alimentaire, enveloppez et tournez les extrémités comme pour la recette du saucisson (voir p. 66).

Modelez en forme de pommes de terre.

Réservez 30 minutes au réfrigérateur.

Finition : Mélangez la pâte d'amandes avec un peu de cacao en poudre (rapprochez-vous de la couleur d'une pomme de terre !).

Étalez finement cette pâte à l'aide d'un rouleau entre deux feuilles de film alimentaire. Posez dessus les pommes de terre en chocolat (enlevez préalablement le film), et enveloppez chaque patate de pâte d'amandes.

À l'aide d'un crayon, piquez les pommes de terre. Modelez les yeux, le nez, la bouche et le chapeau en pâte d'amandes colorée.

Utilisez des billes de chocolat pour le nez et les yeux.

VOUS POUVEZ UTILISER TOUS LES FONDS DE PLACARDS POUR RÉALISER VOS MONSIEURS PATATE : DES ÉCLATS DE SABLÉS, DES BISCUITS À LA CUILLÈRE, DES MACARONS... TOUT, DU MOMENT QUE C'EST BIEN SEC !

DACQUOISE
PRALINÉ-CHOCOLAT... OH LÀ LÀ !...

Praliné et chocolat… tout ce que j'aime !!! Ce vieux dessert revisité est un best-seller chez mon ami Philippe Bernachon à Lyon.

INGRÉDIENTS

POUR 4 PERSONNES

BISCUIT CAPUCINE AMANDE

- BLANCS D'ŒUFS .... 90 g (3)
- SUCRE SEMOULE .... 40 g
- SUCRE GLACE .... 65 g
- FARINE T55 .... 15 g
- POUDRE D'AMANDES .... 50 g

DIVERS

- CRÈME MOUSSELINE PRALINÉ (VOIR P. 136) .... 250 g
- GANACHE CHOCOLAT (VOIR P. 139) .... 40 g
- NOISETTES GRILLÉES .... 50 g

NIVEAU DE DIFFICULTÉ : ●●○

PRÉPARATION : 1 H - **CUISSON** : 10 MIN - **REPOS** : 1 H - **DÉGUSTATION** : SORTIR DU RÉFRIGÉRATEUR 20 MIN AVANT

Biscuit capucine amande : Dans la cuve d'un batteur électrique muni d'un fouet, mélangez les blancs d'œufs tempérés avec le sucre semoule. Montez en neige bien ferme.

À l'aide d'une maryse, incorporez le sucre glace et la farine préalablement tamisée, puis la poudre d'amandes. Mettez dans une poche munie d'une douille unie n° 14.

Dressez, sur la plaque du four recouverte d'une feuille de papier cuisson, deux cercles de 16 cm en forme d'escargot.

Faites cuire dans un four préchauffé à 170 °C (th. 6) environ 10 minutes.

Réservez sur une grille.

Finition : Placez la crème mousseline praliné dans une poche munie d'une douille n° 14. Faites de même avec la ganache.

Dressez en alternance des boules de ganache et de crème mousseline sur le premier biscuit.

Déposez le deuxième biscuit et réalisez dessus la même opération.

Parsemez de noisettes grillées concassées.

Réservez au minimum 1 heure au réfrigérateur avant de consommer.

FOUETTEZ LA CRÈME MOUSSELINE PRALINÉ POUR QU'ELLE SOIT PLUS LÉGÈRE ET MOUSSEUSE. À L'INVERSE, RÉSERVEZ LA GANACHE À TEMPÉRATURE AMBIANTE ET METTEZ-LA EN POCHE SANS LA REMUER, IL FAUT QU'ELLE RESTE LISSE ET ONCTUEUSE.

OPÉRA
MENTHOLÉ ET SIMPLIFIÉ

Voici un de mes best of. Toujours très apprécié par les clients, cet opéra "New Age" nous prouve qu'il est bon de revisiter les grands classiques de la pâtisserie !

INGRÉDIENTS

POUR 4 PERSONNES

- **BISCUIT JOCONDE** (VOIR P. 133) .... 160 g
- **GLAÇAGE OPÉRA** (VOIR P. 142) .... 100 g
- **GANACHE CHOCOLAT** (VOIR P. 139) .... 80 g

CRÈME AU BEURRE MENTHOLÉE

- CRÈME AU BEURRE (VOIR P. 135) .... 80 g
- ALCOOL DE MENTHE (TYPE GET 31°) .... 8 g (0,8 cl)
- COLORANT VERT PASTEL .... QUELQUES GOUTTES

SIROP À LA MENTHE

- SUCRE SEMOULE .... 40 g
- FEUILLES DE MENTHE FRAÎCHES 20

DIVERS

- AMANDES HACHÉES GRILLÉES .... 50 g
- POUDRE SCINTILLANTE VERTE .... 1 PETIT POT
- ALCOOL DE MENTHE .... 20 g (0,2 cl)
- FEUILLES DE MENTHE 6
- BLANC D'ŒUF .... 30 g (1)
- SUCRE

NIVEAU DE DIFFICULTÉ : ●●●

PRÉPARATION : 2 H - **CUISSON** : 4 MIN - **REPOS** : 1 NUIT - **DÉGUSTATION** : SORTIR DU RÉFRIGÉRATEUR 15 MIN AVANT

Biscuit Joconde : Dressez deux fois 80 g de biscuit dans deux cercles d'un diamètre de 16 cm. Faites cuire dans un four préchauffé à 200 °C (th. 7) environ 4 minutes.

Crème au beurre mentholée : Mélangez tous les ingrédients au fouet, puis ramollissez l'ensemble au micro-ondes pour obtenir une texture souple.

Sirop à la menthe : Dans une casserole, faites bouillir 10 cl d'eau avec le sucre. Ajoutez les feuilles de menthe et laissez infuser au minimum 20 minutes. Retirez les feuilles de menthe et laissez refroidir. Utilisez le sirop tiède.

Finition : Sur un disque de biscuit (côté croûte), étalez une fine couche de glaçage opéra, congelez 5 minutes, puis déposez-le sur un carton avec un cercle de 16 cm de diamètre (face chocolat contre le carton).

À l'aide d'un pinceau, imbibez ce premier biscuit de 6 cl de sirop (60 g). Étalez dessus la crème au beurre mentholée à l'aide d'une cuillère.

Posez le deuxième biscuit, puis appuyez fortement pour égaliser le montage. Imbibez de nouveau avec 6 cl de sirop. Réchauffez la ganache au micro-ondes et mixez-la, puis étalez-la sur le biscuit à l'aide d'une cuillère. Réservez 1 nuit au réfrigérateur.

Le lendemain, nappez avec le glaçage opéra préalablement fondu au micro-ondes à 35 °C. Parsemez la base de l'opéra d'amandes grillées et colorées (avec le colorant vert).

Diluez la poudre scintillante verte avec un peu d'alcool de menthe. Décorez la surface du gâteau au pinceau. Posez quelques feuilles de menthe préalablement trempées dans le blanc d'œuf cru et recouvertes de sucre.

UN OPÉRA PARFAIT EST UN GÂTEAU QUI A LE MÊME POIDS EN GANACHE, CRÈME AU BEURRE, BISCUIT ET SIROP. IL FAUT LUI LAISSER LE TEMPS DE PRENDRE TOUTE SA SAVEUR. PENDANT SA NUIT DE REPOS, LE SIROP VA SE DIFFUSER DANS LE BISCUIT ET DÉVELOPPER LE GOÛT DE LA MENTHE, L'OSMOSE VA OPÉRER... SOYEZ PATIENT...

BAHIA RHUM-RAISINS

... PURÉE QUE C'EST BON !

Il y a plusieurs années, lorsque je travaillais avec Pierre Hermé, nous avons réalisé un gâteau alliant une crème rhum-raisins sur un brownie. En voici une version plus personnelle en hommage à celui qui m'a montré la voie du juste bon !

POUR 4 PERSONNES

INGRÉDIENTS

BISCUIT SOUFFLÉ CHOCOLAT

- LAIT ENTIER .... 60 g (6 cl)
- SUCRE SEMOULE .... 15 g
- FÉCULE DE POMME DE TERRE .... 5 g
- CHOCOLAT NOIR (66 % CACAO) .... 30 g
- JAUNES D'ŒUFS .... 40 g (2)
- BLANCS D'ŒUFS .... 90 g (3)
- SUCRE SEMOULE .... 60 g
- POUDRE D'AMANDES .... 70 g
- POUDRE DE CACAO .... 10 g
- NOIX DE MACADAMIA GRILLÉES ET CONCASSÉES 50 g

DIVERS

- CRÉMEUX CHOCOLAT AU RHUM (VOIR P. 138) .... 300 g
- RAISINS IMBIBÉS AU RHUM .... 50 g
- GLAÇAGE GIANDUJA (VOIR P. 141) .... 200 g
- POUDRE OR ALIMENTAIRE (VOIR PCB, P. 155) 1 PETIT POT

NIVEAU DE DIFFICULTÉ : ●●●

PRÉPARATION : 1 H - **CUISSON** : 10 MIN - **REPOS** : 1 H - **DÉGUSTATION** : BIEN FRAIS

Biscuit soufflé chocolat de mon ami Antoine Santos : Dans une casserole, mélangez le lait, le sucre et la fécule de pomme de terre. Portez à ébullition en remuant vivement avec un fouet, ajoutez le chocolat préalablement haché, puis les jaunes d'œufs. Mixez. Dans la cuve d'un batteur électrique muni d'un fouet, montez les blancs d'œufs tempérés en incorporant le sucre petit à petit. Intégrez la meringue au mélange précédent, puis la poudre d'amandes et le cacao tamisé.

Versez 200 g de pâte à biscuit dans un cercle de 16 cm de diamètre et 3,5 cm de hauteur sur une plaque recouverte de papier cuisson. Étalez à l'aide d'une cuillère, puis parsemez de noix de macadamia. Faites cuire dans un four préchauffé à 170 °C (th. 6) environ 10 minutes. Réservez et laissez refroidir sur une grille.

Finition : Coulez le crémeux chocolat au rhum sur le biscuit, parsemez de raisins imbibés (gardez-en quelques-uns pour le décor), puis congelez au minimum 1 heure. Démoulez puis nappez avec le glaçage gianduja préalablement fondu au micro-ondes à 35 °C. Décorez le gâteau de quelques raisins imbibés, enrobés de poudre or alimentaire.

POUR RÉALISER DE BONS RAISINS AU RHUM, FAITES BOUILLIR DE L'EAU DANS UNE CASSEROLE, AJOUTEZ LES FRUITS, PUIS UN PEU DE RHUM ET LAISSEZ TREMPER À TEMPÉRATURE AMBIANTE DURANT UNE NUIT.

SACHER
DE L'AVENUE MONTAIGNE

Le sachertorte est devenu le symbole de l'hôtel Sacher à Vienne. Ce gâteau au chocolat fourré de marmelade d'abricots est vendu à travers le monde. Mon interprétation lui donne un look haute couture, comme sur l'avenue Montaigne !

INGRÉDIENTS

POUR 4 PERSONNES

BISCUIT SACHER

- FARINE T45 .... 5 g
- CACAO EN POUDRE .... 5 g
- FÉCULE DE MAÏS .... 5 g
- BLANC D'ŒUF .... 30 g (1)
- SUCRE SEMOULE .... 20 g
- JAUNE D'ŒUF .... 20 g (1)
- BEURRE .... 10 g

SIROP AMARETTO

- AMARETTO .... 20 g (2 cl)

MOUSSE CHOCOLAT-CARAMEL

- SUCRE SEMOULE .... 40 g
- BEURRE DEMI-SEL .... 15 g
- CRÈME LIQUIDE (35 % MG) .... 125 g (12,5 cl)
- CHOCOLAT NOIR (66 % CACAO) .... 50 g

DIVERS

- PURÉE D'ABRICOTS .... 100 g
- CHOCOLAT NOIR (70 % CACAO) .... 50 g (POUR LE DÉCOR)
- POUDRE OR SCINTILLANTE .. 1 PETIT POT (VOIR PCB, P. 155)

NIVEAU DE DIFFICULTÉ : ●●●

PRÉPARATION : 1 H - **CUISSON** : 8 MIN - **REPOS** : 1 H - **DÉGUSTATION** : SORTIR DU RÉFRIGÉRATEUR 15 MIN AVANT

Biscuit sacher : Tamisez la farine avec le cacao et la fécule. Dans une jatte, fouettez le blanc d'œuf en neige, ajoutez le sucre petit à petit. Lorsque la meringue est bien montée, intégrez le jaune d'œuf ainsi que les poudres tamisées. Mélangez à l'aide d'une maryse, incorporez le beurre préalablement fondu au micro-ondes à environ 45 °C.
Dressez la pâte à biscuit dans un moule triangulaire de 14 cm de côté et 3,5 cm de haut sur une plaque recouverte de papier cuisson. Faites cuire dans un four préchauffé à 190 °C (th. 6/7) environ 8 minutes.

Sirop amaretto : Mélangez 50 g (5 cl) d'eau et l'amaretto.

Mousse chocolat-caramel : Faites cuire le sucre à sec dans une casserole, ajoutez le beurre demi-sel, puis versez petit à petit 25 g (2,5 cl) de crème préalablement chauffée au micro-ondes. Portez le tout à ébullition, versez sur le chocolat concassé.
Montez le reste de crème. Mixez la mousse, puis incorporez la crème montée en trois fois. Versez sur le biscuit en réservant 50 g de mousse.
Placez 1 heure au congélateur.

Finition : Décerclez le sacher, imbibez-le de sirop amaretto, mettez le restant de mousse dans une poche sans douille et dressez une couronne au-dessus. Étalez la purée d'abricots et posez le décor chocolat (voir p. 144) recouvert de poudre or.

FAITES CUIRE LE BISCUIT DANS LE CERCLE, PUIS, À LA SORTIE DU FOUR, APPUYEZ LÉGÈREMENT DESSUS POUR L'ÉGALISER. VERSEZ LE SIROP TIÈDE SUR LE BISCUIT TIÈDE POUR QU'IL S'IMBIBE PLUS FACILEMENT.

2

MES RECETTES AU

CHOCOLAT AU LAIT

MES RECETTES AU CHOCOLAT AU LAIT

« Le chocolat au lait est composé de fèves de cacao, de beurre de cacao, de poudre de lait entier et de sucre (parfois au goût de cassonade). C'est mon chocolat préféré. Enfant dans l'âme et dans le palais, je ne me lasse pas de le dévorer, surtout associé à des fruits secs caramélisés, comme la noisette ou la noix de pécan ! Je pousse même le vice jusqu'à le marier au chocolat noir pour obtenir un goût plus rond en bouche… c'est peu dire. Dans les recettes suivantes, j'ai opté pour un chocolat composé à 40 % de cacao d'origine de Madagascar. »

GUIMAUVE
DE MON POTE RIGOLLOT

Une recette inédite de mon ami meilleur ouvrier de France et champion du monde Philippe Rigollot, qui la réalise uniquement pour ses clients à Annecy ! Profitez-en…

POUR 4 PERSONNES

INGRÉDIENTS

MERINGUE ITALIENNE

- BLANCS D'ŒUFS .... 90 g (3)
- SEL FIN .... 1 PETITE PINCÉE
- SUCRE SEMOULE .... 280 g
- MIEL DE FLEURS .... 20 g
- GÉLATINE .... 8 g (4 FEUILLES)
- CHOCOLAT AU LAIT (40 % CACAO) .... 90 g
- CHOCOLAT NOIR (66 % CACAO) .... 15 g

DIVERS

- FÉCULE DE POMME DE TERRE .... 50 g
- CACAO EN POUDRE .... 50 g

NIVEAU DE DIFFICULTÉ : ● ○ ○

PRÉPARATION : 30 MIN - **REPOS** : 1 H - **DÉGUSTATION :** TEMPÉRATURE AMBIANTE

Meringue italienne : Dans la cuve d'un batteur électrique muni d'un fouet, montez en première vitesse les blancs d'œufs tempérés avec le sel. Dans une casserole, faites bouillir 110 g (11 cl) d'eau et le sucre, ajoutez le miel. Portez le tout à 125 °C, incorporez la gélatine préalablement ramollie dans de l'eau froide et essorée, puis versez l'ensemble sur les blancs montés.

Faites refroidir la meringue italienne au batteur (10 minutes au maximum) jusqu'à environ 35 °C.

Intégrez délicatement les chocolats préalablement fondus au micro-ondes. Coulez sur un film alimentaire légèrement huilé sur lequel vous aurez posé un cadre en inox de 6 cm de hauteur. Réservez 1 heure au réfrigérateur.

Finition : Démoulez, découpez des cubes de guimauve avec un couteau trempé dans de l'eau chaude, puis saupoudrez du mélange cacao et fécule préalablement tamisé.

SAUCISSON
DE MON PAYS

Une version rigolote d'un saucisson sucré, avec plusieurs textures originales.

INGRÉDIENTS

POUR 4 PERSONNES

GIANDUJA LAIT NOISETTE (VOIR P. 140 OU CHEZ VOTRE PÂTISSIER)	200 g
GUIMAUVES NATURES (VOIR P. 64 OU CHEZ VOTRE ÉPICIER)	30 g
NOISETTES GRILLÉES (50 % CHEZ VOTRE PÂTISSIER)	60 g
SABLÉS BRETONS	60 g
SEL FIN	1 PINCÉE
SUCRE GLACE	100 g

NIVEAU DE DIFFICULTÉ : ● ○ ○

PRÉPARATION : 20 MIN - **REPOS** : 1 H - **DÉGUSTATION** : TEMPÉRATURE AMBIANTE

- Faites fondre le gianduja au micro-ondes à environ 35 °C.
  Détaillez les guimauves en petits cubes, les sablés bretons en cubes également.
  Concassez les noisettes.
  Mélangez tous les ingrédients avec le sel, sauf le sucre glace.
  Déposez sur un film alimentaire et roulez le tout en forme de saucisson en serrant les extrémités.
  Réservez 1 heure au réfrigérateur.

- **Finition :** Enlevez le film alimentaire.
  Roulez dans le sucre glace.
  Laissez revenir à température ambiante avant de déguster.

ACHETEZ DES GUIMAUVES DE DIFFÉRENTS PARFUMS ET DE PLUSIEURS COULEURS POUR DONNER UN CÔTÉ PLUS ROCK'N'ROLL À CETTE RECETTE !

TIRAMISU
SUR DES CHEVEUX D'ANGE...

Le kadaïf est du vermicelle de pâte fraîche, très connu en Turquie. Voici un usage simple et rapide de ce produit exceptionnel.

INGRÉDIENTS

POUR 4 PERSONNES

GANACHE LACTÉE AU CAFÉ

- CRÈME LIQUIDE (35 % MG) .... 80 g (8 cl)
- CAFÉ SOLUBLE .... 2 g
- CHOCOLAT AU LAIT (40 % DE CACAO) .... 100 g

CHANTILLY MASCARPONE

- CRÈME LIQUIDE (35 % MG) .... 100 g (10 cl)
- MASCARPONE .... 80 g
- SUCRE SEMOULE .... 15 g

DIVERS

- PÂTE À KADAÏF (CHEZ VOTRE ÉPICIER) .... 100 g
- BEURRE .... 50 g
- SUCRE GLACE .... 50 g
- CACAO EN POUDRE .... 10 g

NIVEAU DE DIFFICULTÉ : ●○○

PRÉPARATION : 40 MIN - **REPOS** : 1 H - **CUISSON :** 10 MIN - **DÉGUSTATION** : BIEN FRAIS

Ganache lactée au café : Dans une casserole, faites bouillir la crème avec le café soluble.

Versez sur le chocolat au lait préalablement concassé, puis mixez.

Transvasez dans un plat à gratin, recouvrez d'un film alimentaire et réservez 30 minutes au réfrigérateur.

Mettez dans une poche plastique munie d'une douille Saint-Honoré. Réservez à température ambiante.

Chantilly mascarpone : Dans une jatte, mélangez la crème, le mascarpone et le sucre à l'aide d'un fouet jusqu'à obtenir une texture de crème Chantilly. Réservez 30 minutes dans une poche sans douille au réfrigérateur.

Finition : Dépliez vos cheveux d'ange, parsemez la surface du beurre préalablement fondu au micro-ondes, puis saupoudrez de sucre glace.

Faites cuire dans un four préchauffé à 190 °C (th. 6/7) pendant environ 10 minutes. Laissez refroidir sur une grille.

Dressez à la minute la crème Chantilly mascarpone bien fraîche sur les cheveux d'ange caramélisés, puis couvrez de la ganache en ondulant légèrement.

Saupoudrez de cacao en poudre. Dégustez sans attendre.

NE STOCKEZ PAS VOS CHEVEUX D'ANGE AU RÉFRIGÉRATEUR, ILS PERDRAIENT LEUR CROUSTILLANT SI PARTICULIER. JE PRÉFÈRE TOUT DRESSER À LA DERNIÈRE MINUTE POUR OBTENIR DES TEXTURES DIFFÉRENTES : CROUSTILLANT, FONDANT, MOUSSEUX... ÉMOTIONS GARANTIES !

MUFFINS
DE L'INTRÉPIDE HEIDI

Je n'avais jamais mangé de bons muffins avant que mon amie Heidi me fasse découvrir les siens…

INGRÉDIENTS

POUR 4 PERSONNES

ŒUF	50 g (1)
SUCRE VERGEOISE	65 g
YAOURT	160 g
FARINE T45	80 g
POUDRE À LEVER	3 g
BICARBONATE DE SOUDE (CHEZ VOTRE PHARMACIEN)	80 g
CÉRÉALES ALL-BRAN®	60 g
HUILE DE PÉPINS DE RAISIN	75 g (7,5 cl)
DATTES	50 g

DIVERS

CHOCOLAT AU LAIT (40 % DE CACAO)	200 g
AMANDES HACHÉES GRILLÉES	30 g

NIVEAU DE DIFFICULTÉ : ●○○

PRÉPARATION : 15 MIN - **CUISSON** : 12 MIN - **DÉGUSTATION** : TEMPÉRATURE AMBIANTE

Dans une jatte, mélangez au fouet l'œuf et le sucre vergeoise.

Ajoutez le yaourt, puis la farine, le bicarbonate, la poudre à lever préalablement tamisée, et en dernier les céréales.

Pour finir, mélangez avec l'huile, puis les dattes dénoyautées et coupées en quatre.

Versez dans des moules à muffins.

Faites cuire dans un four préchauffé à 180 °C (th. 6) pendant environ 12 minutes.

Laissez refroidir sur une grille.

Finition : Dans un bac en plastique, faites fondre le chocolat au lait au micro-ondes sans dépasser 34 °C. Ajoutez les amandes hachées et grillées, puis trempez le dessus de chaque muffin dans ce chocolat.

CETTE RECETTE TRÈS « ORGANIQUE », COMME DISENT NOS AMIS CANADIENS, PEUT SE CONFECTIONNER AVEC DES FRUITS SECS, COMME LE RAISIN OU LE PRUNEAU… BEAUCOUP DE FIBRES ET DE BIEN-ÊTRE AVEC CETTE RECETTE…

BANANANA
BANANANA... BANANA SPLIT, HOUUU

J'avais la chanson "Banana Split" de Lio en tête lorsque j'ai réalisé ce dessert...

POUR 4 PERSONNES

INGRÉDIENTS

BANANES BIEN MÛRES	2
BEURRE DEMI-SEL	40 g
SUCRE SEMOULE	40 g

CHANTILLY À LA FLEUR D'ORANGER

CRÈME LIQUIDE (35 % MG)	200 g (20 cl)
MASCARPONE	50 g
SUCRE SEMOULE	20 g
EAU DE FLEUR D'ORANGER	20 g (2 cl)

DIVERS

CHOCOLAT AU LAIT (40 % CACAO)	100 g
PIGNONS DE PIN GRILLÉS	50 g
DRAGÉES AU CHOCOLAT	50 g
ÉCLATS DE CHOCOLAT AU LAIT	(VOIR P. 144)

NIVEAU DE DIFFICULTÉ : ● ○ ○

PRÉPARATION : 30 MIN - **DÉGUSTATION** : TEMPÉRATURE AMBIANTE

- Dans une poêle, faites fondre le beurre, saupoudrez de sucre semoule.

  Dès que le mélange prend une jolie couleur caramel, posez les bananes épluchées et coupées en deux horizontalement.

  Retournez-les au bout d'1 minute. Versez petit à petit de l'eau chaude et enrobez vos bananes de caramel. Réservez.

- **Chantilly à la fleur d'oranger :** Dans la cuve d'un batteur électrique muni d'un fouet, montez la crème, le mascarpone, l'eau de fleur d'oranger et le sucre jusqu'à obtenir une texture de chantilly.

  Mettez dans une poche munie d'une douille cannelée.

- **Finition :** Dressez la chantilly sur les bananes tièdes. Couvrez de chocolat au lait préalablement fondu au micro-ondes, puis répartissez dessus les pignons grillés, les dragées concassées et les éclats de chocolat au lait.

DESSERT À RÉALISER À LA MINUTE POUR GARDER UN MAXIMUM DE FRAÎCHEUR. JE PRÉFÈRE ASSOCIER LA BANANE AVEC LE CHOCOLAT AU LAIT, C'EST PLUS GOURMAND ET ROND EN BOUCHE !

PÂTE À TARTINER MAISON
À VOLONTÉ

Cette recette magique de Pierre Mirgalet, meilleur ouvrier de France-chocolatier, a été peaufinée et ajustée par Vincent, la mascotte de mon équipe qui travaille depuis plus de sept ans à mes côtés… C'est une des meilleures que j'aie pu goûter !!!

INGRÉDIENTS

POUR 4 PERSONNES

PÂTE À TARTINER DE BASE

- CHOCOLAT AU LAIT (40 % CACAO) .... 30 g
- GIANDUJA LAIT NOISETTE (P. 140 OU CHEZ VOTRE PÂTISSIER) ... 165 g
- PRALINÉ NOISETTE MAISON (P. 147 OU CHEZ VOTRE PÂTISSIER) .. 200 g
- PÂTE DE NOISETTES (P. 146 OU CHEZ VOTRE ÉPICIER) .... 30 g
- CACAO EN POUDRE .... 10 g
- POUDRE DE LAIT .... 25 g
- BEURRE .... 10 g
- HUILE DE PÉPINS DE RAISIN .... 10 g (1 cl)
- SEL .... 1 PETITE PINCÉE

DIVERS

- NOISETTES .... 30 g
- NOIX DE COCO EN POUDRE .... 40 g
- PÂTE DE CACAHUÈTES (P. 146 OU CHEZ VOTRE ÉPICIER) ..... 25 g
- CACAHUÈTES .... 25 g

NIVEAU DE DIFFICULTÉ : ●○○

PRÉPARATION : 30 MIN - **DÉGUSTATION** : TEMPÉRATURE AMBIANTE

Pâte à tartiner de base : Faites fondre le chocolat au lait avec le gianduja au micro-ondes à environ 35 °C. Ajoutez le praliné, la pâte de noisettes, le sel, la poudre de lait, le cacao, le beurre puis l'huile.
Mixez le tout au Robot-Coupe® pendant environ 5 minutes.

Aux noisettes : Mélangez 150 g de pâte à tartiner de base avec 30 g de noisettes grillées et concassées.

À la noix de coco : Mélangez 150 g de pâte à tartiner avec 40 g de noix de coco en poudre grillée.

Aux cacahuètes : Mélangez 150 g de pâte à tartiner avec 25 g de pâte de cacahuètes et 25 g de cacahuètes grillées et concassées.

NOUGATINE
DE CACAHUÈTES CARAMÉLISÉES

Technique et recette du très généreux Jacques Torres, propriétaire de la marque Mr. Chocolate à New York, meilleur ouvrier de France et véritable star de la pâtisserie aux États-Unis.

POUR 4 PERSONNES

INGRÉDIENTS

NOUGATINE CACAHUÈTES

SUCRE SEMOULE .... 100 g
MIEL D'ACACIA .... 30 g
SEL .... 3 g
POUDRE À LEVER .... 1 g
CACAHUÈTES GRILLÉES .... 170 g
BEURRE .... 10 g

DIVERS

CHOCOLAT AU LAIT (40 % CACAO) .... 150 g

NIVEAU DE DIFFICULTÉ : ● ○ ○

PRÉPARATION : 30 MIN - **REPOS** : 20 MIN - **DÉGUSTATION** : TEMPÉRATURE AMBIANTE

Nougatine cacahuètes : Dans une casserole, portez à ébullition le sucre et 40 g (4 cl) d'eau, ajoutez le miel et faites cuire à 160 °C.

Intégrez le sel et la poudre à lever en remuant vivement à l'aide d'un fouet.

Versez les cacahuètes préalablement grillées et chaudes.

Mélangez, incorporez enfin le beurre, puis étalez la pâte entre deux feuilles de papier cuisson sur environ 5 mm d'épaisseur.

Laissez refroidir votre nougatine à température ambiante.

Finition : Faites fondre le chocolat au lait au micro-ondes à puissance moyenne, sans dépasser 34 °C.

Concassez de gros morceaux de nougatine et trempez-les en une seule fois dans le chocolat au lait.

Réservez quelques minutes au réfrigérateur pour accélérer la cristallisation du chocolat.

LA POUDRE À LEVER VA RENDRE VOTRE NOUGATINE PLUS FRIABLE. LE BEURRE PERMET DE RÉSISTER À L'HUMIDITÉ. DEUX ÉLÉMENTS CLÉS POUR LA RÉUSSITE DE CETTE GOURMANDISE.

BARRES CHOCO-CARAMEL
À DEUX DOIGTS DU BONHEUR

Le shortbread est une recette traditionnelle écossaise. C'est un mélange de beurre, de sucre glace et de farine. Ces sablés très friables sont parfaits pour l'interprétation des Twix® de mon enfance…

POUR 4 PERSONNES

INGRÉDIENTS

CARAMEL ONCTUEUX VANILLE

- SUCRE SEMOULE .... 170 g
- BEURRE DEMI-SEL .... 100 g
- CRÈME LIQUIDE (35 % MG) .... 165 g (16,5 cl)
- GÉLATINE .... 2 g (1 FEUILLE)
- VANILLE .... 1/2 GOUSSE

DIVERS

- CHOCOLAT AU LAIT (40 % CACAO) .... 250 g
- SHORTBREADS 8
  (ACHETÉS CHEZ VOTRE ÉPICIER)

NIVEAU DE DIFFICULTÉ : ●○○

PRÉPARATION : 20 MIN - **REPOS** : 1 H 10 - **DÉGUSTATION** : TEMPÉRATURE AMBIANTE

Caramel onctueux vanille : Dans une casserole, faites cuire le sucre semoule jusqu'à ce qu'il prenne une belle couleur caramel.

Dès la première fumée, ajoutez le beurre, remuez bien à l'aide d'un fouet.

Incorporez ensuite en trois fois la crème préalablement chauffée au micro-ondes avec les graines de la demi-gousse de vanille.

Portez le tout à ébullition. Intégrez la gélatine préalablement ramollie dans de l'eau froide et essorée. Mixez.

Transvasez dans un plat à gratin. Couvrez d'un film alimentaire et réservez 1 heure au réfrigérateur.

Finition : Mettez votre caramel dans une poche plastique sans douille. Coupez l'embout et dressez sur vos shortbreads.

Réservez 10 minutes au congélateur.

Trempez chaque barre dans du chocolat au lait, préalablement tempéré au micro-ondes, à l'aide d'une fourchette.

Soufflez fortement dessus pour obtenir une fine couche de chocolat au lait.

Réservez sur du film alimentaire à température ambiante.

UTILISEZ DES SHORTBREADS DE 7 CM DE LONG SUR 2,5 CM DE LARGE. VOUS EN TROUVEREZ FACILEMENT DANS LES BONNES ÉPICERIES.

PÉPITES D'OR
VENDUES AU MARCHÉ NOIR...

Cette technique est un petit clin d'œil à mon ami Christophe Adam, chef pâtissier ultra-fashion.

POUR 4 PERSONNES

INGRÉDIENTS

- GIANDUJA LAIT NOISETTE .... 150 g
  (VOIR P. 140 OU CHEZ VOTRE PÂTISSIER)
- PÂTE DE NOISETTES .... 25 g
  (VOIR P. 146 OU CHEZ VOTRE PÂTISSIER)
- SEL FIN .... 1 PETITE PINCÉE
- GAVOTTES® .... 25 g
- CÉRÉALES AU CHOCOLAT (TYPE CHOCO POPS®) .... 30 g

DIVERS

- CHOCOLAT AU LAIT (40 % CACAO) .... 250 g
- POUDRE OR ALIMENTAIRE .... 1 PETIT POT
  (VOIR PCB, P. 155)
- ALCOOL BLANC .... QUELQUES GOUTTES

NIVEAU DE DIFFICULTÉ : ●○○

PRÉPARATION : 45 MIN - **REPOS** : 20 MIN - **DÉGUSTATION** : TEMPÉRATURE AMBIANTE

Dans un bac en plastique, faites fondre le gianduja à environ 35 °C au micro-ondes. Ajoutez la pâte de noisettes et le sel, mélangez bien.

Intégrez ensuite les Gavottes® émiettées, ainsi que les céréales au chocolat.

Réalisez des petits tas sur un film alimentaire à l'aide d'une cuillère. Réservez 20 minutes au réfrigérateur.

Finition : Dans un bac en plastique, faites chauffer le chocolat, préalablement concassé, au micro-ondes à une température maximum de 34 °C.

Enrobez chaque pépite de chocolat au lait, comme si c'était une truffe au chocolat.

Lorsque le chocolat est figé, mélangez de la poudre or avec un peu d'alcool blanc (kirsch ou Grand Marnier), puis enveloppez les pépites en les brassant dans une jatte.

HOT BOUNTY
LÉGÈREMENT ÉPICÉS

Fan incontesté des friandises Bounty® durant mon enfance, j'ai voulu m'amuser en présentant une version plus… hot !

INGRÉDIENTS

POUR 4 PERSONNES

GANACHE ÉPICÉE

- CHOCOLAT AU LAIT (40 % CACAO) ... 100 g
- CHOCOLAT NOIR (66 % CACAO) ... 60 g
- BEURRE ... 115 g
- ŒUF ... 50 g (1)
- JAUNES D'ŒUFS ... 60 g (3)
- JUS DE GINGEMBRE CENTRIFUGÉ ... 20 g (2 cl)
- TABASCO® ... 2 GOUTTES

CHUTNEY EXOTIQUE

- ANANAS ... 300 g (1)
- SUCRE SEMOULE ... 60 g
- CITRON VERT BIO ... 1
- FEUILLES DE MENTHE ... 20

DIVERS

- BLANCS D'ŒUFS ... 90 g (3, RÉCUPÉREZ CEUX DE LA GANACHE)
- NOIX DE COCO EN POUDRE ... 200 g
- HUILE DE FRITURE

NIVEAU DE DIFFICULTÉ : ●○○

PRÉPARATION : 1 H - **REPOS** : 1 NUIT - **DÉGUSTATION** : TIÈDE

Ganache épicée : Dans une jatte, faites fondre les chocolats préalablement concassés avec le beurre à environ 45 °C.

Intégrez les jaunes d'œufs et l'œuf entier en remuant vivement à l'aide d'un fouet. Ajoutez ensuite le jus de gingembre frais centrifugé, puis le Tabasco®. Mélangez et mixez.
Coulez dans des boîtes en plastique sur une épaisseur d'1 cm. Placez au congélateur pour 1 nuit.

Le lendemain, démoulez puis découpez des bandes de 2 cm de large sur 5 cm de long. Réservez au congélateur.

Chutney exotique : Épluchez l'ananas, enlevez le cœur, coupez en gros morceaux, ajoutez le sucre, le zeste et le jus de citron vert ainsi que les feuilles de menthe. Broyez le tout au Robot-Coupe®. Stockez au réfrigérateur.

Finition : À l'aide d'une fourchette, enrobez les bâtonnets de ganache surgelés de blanc d'œuf cru. Roulez-les ensuite dans la poudre de noix de coco. Renouvelez deux fois cette opération pour chaque bounty, puis faites-les frire dans de l'huile portée à 160 °C environ 1 minute, la couleur doit être brun caramel. Réservez sur du papier absorbant.

VOUS POUVEZ PRÉPARER VOS BOUNTY QUELQUES HEURES AVANT LA DÉGUSTATION. AU MOMENT DE LES SERVIR, PASSEZ-LES DANS UN FOUR PRÉCHAUFFÉ À 200 °C (TH. 7) PENDANT QUELQUES SECONDES. LE RÉSULTAT SERA TRÈS CROUSTILLANT ET LA GANACHE SERA CHAUDE ET COULANTE À SOUHAIT !

CAKE CHOCOLAT
THE ONE...

J'ai eu une révélation lorsque j'ai goûté ce biscuit de Philippe Conticini, personnalité hors du commun et pâtissier de génie.

INGRÉDIENTS

POUR 4 PERSONNES

BISCUIT NOISETTE-CHOCOLAT

- POUDRE DE NOISETTES GRILLÉE .... 90 g
- SUCRE CASSONADE .... 90 g
- ŒUF .... 50 g (1)
- JAUNE D'ŒUF .... 20 g (1)
- FARINE T45 .... 40 g
- POUDRE À LEVER .... 2 g
- CHOCOLAT AU LAIT (40 % CACAO) .... 20 g
- CHOCOLAT NOIR (66 % CACAO) .... 40 g
- BEURRE .... 115 g
- BLANCS D'ŒUFS .... 90 g (3)
- SEL FIN .... 2 g

DIVERS

- PÂTE À TARTINER (P. 74 OU CHEZ VOTRE ÉPICIER) .... 100 g
- GLAÇAGE OPÉRA (VOIR P. 142) .... 150 g
- FRUITS SECS .... QUELQUES-UNS POUR LE DÉCOR

NIVEAU DE DIFFICULTÉ : ●○○

PRÉPARATION : 30 MIN - **CUISSON** : 12 MIN - **DÉGUSTATION** : TEMPÉRATURE AMBIANTE

Biscuit noisette-chocolat : Dans la cuve d'un batteur muni d'un fouet, montez la poudre de noisettes, le sucre cassonade, le jaune d'œuf, l'œuf entier, la farine et la poudre à lever tamisées pendant environ 5 minutes.

Ajoutez le mélange chocolat au lait, chocolat noir et beurre préalablement fondu à 40 °C. Incorporez ensuite les blancs d'œufs montés en neige avec le sel, mélangez délicatement.

Dressez dans un cercle de 16 cm de diamètre sur une plaque recouverte de papier cuisson.

Faites cuire dans un four préchauffé à 170 °C (th. 6) environ 12 minutes. Laissez refroidir sur une grille.

Finition : À l'aide d'une cuillère, déposez la pâte à tartiner sur le dessus du cake, puis enrobez le tout de glaçage opéra préalablement fondu au micro-ondes à 35 °C.

Parsemez le cake de fruits secs.

MOCASSIN FOURRÉ
À LA PISTACHE

Les femmes vénèrent les sacs à main. Nous, les hommes, ce sont plutôt les belles chaussures… J'ai toujours rêvé d'avoir des Berluti… Pas vous ?

POUR 4 PERSONNES

INGRÉDIENTS

PÂTE D'AMANDES PISTACHE

- PÂTE D'AMANDES (65 %) .... 600 g
- PISTACHES .... 120 g
- KIRSCH .... 16 g (1,6 cl)

DIVERS

- CHOCOLAT AU LAIT (40 % CACAO) .... 200 g
- POUDRE ÉMERAUDE .... 1 PETIT POT (CHEZ PCB, RÉF. DC051, VOIR P. 155)
- BEURRE DE CACAO ROUGE .... 1 PETIT POT (CHEZ PCB, RÉF. DC189, VOIR P. 155)
- MOULE FORME « BERLUTI » (CHEZ PCB, RÉF. KT327, VOIR P. 155)

NIVEAU DE DIFFICULTÉ : ●○○

PRÉPARATION : 1 H - **REPOS** : 1 NUIT - **DÉGUSTATION** : BIEN FRAIS

Pâte d'amandes pistache : Broyez dans un Robot-Coupe® la pâte d'amandes avec les pistaches puis le kirsch jusqu'à obtenir une texture lisse.

Chemisez deux fois au pinceau le moule « Berluti » avec du chocolat au lait au point (voir mise au point du chocolat, p. 144).

Finition : Dressez la pâte d'amandes pistache à l'intérieur, fermez le tout avec la semelle en chocolat au lait (fournie avec le moule). Réservez une nuit à 19°C, puis démoulez.

Lustrez votre chaussure au pinceau avec le beurre de cacao rouge tempéré à 35 °C. Laissez figer.

GÂTEAU D'OGRE
AUX MARRONS GLACÉS

Yan Pennor's et Pierre Hermé ont créé dans les années 1990 le premier gâteau design qui restera pour moi le meilleur de tous les temps… La cerise sur le gâteau !

INGRÉDIENTS

POUR 4 PERSONNES

BISCUIT MARRONS

- PÂTE DE MARRONS .... 75 g
- PURÉE DE MARRONS .... 30 g
- FÉCULE DE POMME DE TERRE .... 6 g
- ŒUF .... 50 g (1)
- HUILE DE PÉPINS DE RAISIN .... 25 g (2,5 cl)
- BLANC D'ŒUF .... 30 g (1)
- SUCRE SEMOULE .... 10 g

GANACHE CHOCOLAT AU LAIT-MARRONS

- CRÈME LIQUIDE (35 % MG) .... 65 g (6,5 cl)
- PURÉE DE MARRONS .... 30 g
- CHOCOLAT AU LAIT (40 % CACAO) .... 65 g
- BEURRE .... 15 g

DIVERS

- GLAÇAGE OPÉRA .... 200 g
(VOIR P. 142 AU CHOCOLAT AU LAIT, AVEC FRUITS SECS)
- MARRONS AU SIROP ÉMIETTÉS .... 50 g

NIVEAU DE DIFFICULTÉ : ● ● ○

PRÉPARATION : 1 H - **CUISSON** : 10 MIN - **REPOS** : 1 H - **DÉGUSTATION** : BIEN FRAIS

Biscuit marrons : Dans la cuve d'un Robot-Coupe® muni d'une lame, broyez la pâte et la purée de marrons. Ajoutez la fécule de pomme de terre, puis l'œuf. Mixez au minimum 5 minutes, puis intégrez l'huile.

Dans une jatte, montez le blanc d'œuf avec le sucre pour obtenir une meringue. Mélangez le tout à la maryse. Coulez dans un cercle de 18 cm de diamètre, sur une plaque recouverte de papier cuisson.

Faites cuire environ 10 minutes dans un four préchauffé à 170 °C (th. 6).

Ganache chocolat au lait-marrons : Dans une casserole, faites bouillir la crème. Ajoutez la purée de marrons, puis versez sur le chocolat préalablement concassé. Remuez à l'aide d'un fouet, incorporez le beurre puis mixez intensément. Coulez la ganache sur le biscuit. Parsemez de marrons au sirop préalablement égouttés et émiettés. Stockez 1 heure au congélateur.

Finition : Décerclez votre gâteau, coupez-le en 8 parts égales et superposez le tout. Nappez de glaçage croquant au chocolat au lait, tempéré à environ 35 °C.

UTILISEZ DE LA PÂTE ET DE LA PURÉE DE MARRONS NON SUCRÉES POUR DONNER PLUS DE GOÛT À VOTRE GÂTEAU.

TARTE CHOCOLAT
FRAMBOISES AUX SABLÉS PETIT-BEURRE

Depuis toujours, je préfère associer le chocolat au lait (et non le noir) avec la framboise. C'est un mariage parfait qui apporte une pointe d'acidité et rend cette recette irrésistible.

POUR 4 PERSONNES

INGRÉDIENTS

CRÉMEUX CHOCOLAT-FRAMBOISES

- JAUNES D'ŒUFS .... 40 g (2)
- SUCRE SEMOULE .... 10 g
- LAIT .... 80 g (8 cl)
- CRÈME LIQUIDE (35 % MG) .... 80 g (8 cl)
- GÉLATINE .... 2 g (1 FEUILLE)
- CHOCOLAT AU LAIT (40 % CACAO) .... 100 g
- PURÉE DE FRAMBOISES .... 40 g

CROUSTILLANT PETIT-BEURRE

- PETITS-BEURRE .... 120 g
- GAVOTTES® .... 20 g
- GIANDUJA LAIT NOISETTE .... 70 g (VOIR P. 140 OU CHEZ VOTRE PÂTISSIER)
- SEL FIN .... 1 PETITE PINCÉE

DIVERS

- GLAÇAGE GIANDUJA (VOIR P. 141) .... 150 g
- POUDRE RUBIS QS (CHEZ PCB, VOIR P. 155)
- QUELQUES FRAMBOISES FRAÎCHES

NIVEAU DE DIFFICULTÉ : ●●●

PRÉPARATION : 1 H - **REPOS** : 2 H - **DÉGUSTATION** : SORTIR DU RÉFRIGÉRATEUR 10 MIN AVANT

Crémeux chocolat-framboises : Dans une casserole, mélangez les jaunes d'œufs avec le sucre, puis ajoutez le lait et la crème. Faites cuire le tout à feu doux à 85 °C, sans cesser de remuer à l'aide d'un fouet.

Incorporez la gélatine préalablement ramollie dans de l'eau froide et essorée. Versez sur le chocolat concassé, ajoutez la purée de framboises et mixez. Coulez dans un moule en silicone (ou un cercle) de 16 cm de diamètre. Congelez au minimum 2 heures.

Croustillant petit-beurre : Écrasez les petits-beurre et les Gavottes® à l'aide d'un rouleau entre deux feuilles de papier cuisson.

Faites fondre le gianduja au micro-ondes. Ajoutez les sablés émiettés, puis la pincée de sel. Dressez à l'aide d'une cuillère dans un cercle de 18 cm de diamètre préalablement posé sur un carton. Réservez au réfrigérateur.

Finition : Décerclez le crémeux chocolat-framboises. Nappez de glaçage gianduja préalablement fondu à 35 °C, posez sans attendre sur le croustillant.

Dressez des gouttes de glaçage gianduja sur la surface du crémeux, parsemez de poudre rubis pour égayer la couleur du chocolat et décorez avec quelques framboises.

DOUDOU
LE HÉRISSON À GRIGNOTER

Un gâteau qui ravira tous les enfants. Si vous êtes patient, je vous invite à couvrir entièrement le hérisson de céréales…

POUR 4 PERSONNES

INGRÉDIENTS

CROUSTILLANT PRALINÉ

- PRALINÉ NOISETTE (P. 147 OU CHEZ VOTRE ÉPICIER) ..... 25 g
- PÂTE DE NOISETTES (P. 146 OU CHEZ VOTRE ÉPICIER) ..... 25 g
- GAVOTTES® ..... 25 g
- CHOCOLAT AU LAIT (40 % CACAO) ..... 25 g
- NOISETTES GRILLÉES ..... 30 g

BAVAROISE BANANE-CITRON VERT

- BANANES BIEN MÛRES ..... 150 g (3)
- JUS DE CITRON VERT ..... 45 g (4,5 cl - 5 CITRONS)
- GÉLATINE ..... 3 g (1,5 FEUILLE)
- ZESTES DE CITRON VERT ..... 3 g (1 CITRON)
- SUCRE SEMOULE ..... 170 g
- CRÈME LIQUIDE (35 % MG) ..... 100 g (10 cl)

DIVERS

- GLAÇAGE GIANDUJA (VOIR P. 141) ..... 100 g
- PÂTE D'AMANDES (50 %) ..... 100 g
- CÉRÉALES ALL-BRAN® ..... 100 g
- CACAO EN POUDRE

NIVEAU DE DIFFICULTÉ : ● ● ●

PRÉPARATION : 1 H - **REPOS** : 2 H - **DÉGUSTATION** : BIEN FRAIS

Croustillant praliné : Dans une jatte, mélangez le praliné et la pâte de noisettes, ajoutez les Gavottes® émiettées et le chocolat au lait préalablement fondu.

Dressez dans un cercle de 12 cm de diamètre. Parsemez de noisettes grillées. Réservez au congélateur.

Bavaroise banane-citron vert : Dans un Robot-Coupe®, mixez les bananes épluchées.

Faites chauffer le jus de citron vert au micro-ondes à environ 45 °C. Incorporez la gélatine préalablement trempée dans de l'eau froide et essorée.

Ajoutez le jus et les zestes de citron vert, mixez le tout au Robot-Coupe®. Transvasez cette pulpe dans une jatte et mélangez à l'aide d'un fouet avec la crème liquide préalablement montée et le sucre. Montez le tout.

Dressez la bavaroise dans un moule demi-sphérique de 12 cm de diamètre. Déposez dessus le disque de croustillant praliné. Congelez au minimum 2 heures.

Finition : Démoulez sous l'eau chaude votre dôme de bavaroise, nappez-le sans attendre de glaçage gianduja chauffé à 35 °C. Posez sur un carton. Modelez la tête et les pattes du hérisson en pâte d'amandes colorée avec du cacao en poudre. Dressez les céréales sur le dessus.

N'HÉSITEZ PAS À CONGELER VOTRE DÔME DE BAVAROISE 1 NUIT À L'AVANCE POUR POUVOIR LE DÉMOULER CORRECTEMENT.

3

MES RECETTES AU CHOCOLAT BLANC

✸ Mes recettes au chocolat blanc

« Le chocolat blanc, adoré par tous les enfants, est composé de poudre de lait entier, de sucre, de beurre de cacao et souvent d'une pointe de vanille naturelle. Il ne contient pas de fèves, mais uniquement du beurre de cacao. Puisqu'il est souvent sucré, j'aime le marier avec des fruits acides ! J'adore également l'utiliser dans une crème Chantilly ou une panna cotta… Voici quelques dérivés de ce trésor couleur ivoire… Dans les recettes suivantes, j'ai opté pour un chocolat composé à 35 % de cacao. »

GRANITÉ
FAÇON LAIT D'AMANDE

J'ai improvisé ce dessert lors d'un week-end avec des amis. Il est simple et tout le monde en redemande…

INGRÉDIENTS

POUR 4 PERSONNES

GRANITÉ AU CHOCOLAT BLANC

- CHOCOLAT BLANC .... 100 g
- ESSENCE D'AMANDE AMÈRE ...... QUELQUES GOUTTES

ABRICOTS RÔTIS

- ABRICOTS FRAIS 8
- BEURRE .... 80 g
- SUCRE CASSONADE .... 80 g

DIVERS

- FRUITS DE LA PASSION 2

NIVEAU DE DIFFICULTÉ : ●○○

PRÉPARATION : 15 MIN - **REPOS** : 1 NUIT - **CUISSON** : 10 MIN - **DÉGUSTATION** : TEMPÉRATURE AMBIANTE

Granité au chocolat blanc : Dans une casserole, faites bouillir 400 g (40 cl) d'eau. Ajoutez le chocolat blanc en morceaux, puis l'essence d'amande amère.

Remuez à l'aide d'un fouet et mixez.

Réservez dans un bac en plastique au congélateur pendant 1 nuit.

Abricots rôtis : Coupez les abricots en deux, enlevez le noyau.

Mélangez les abricots avec le beurre fondu et le sucre. Disposez le tout dans des ramequins en Pyrex.

Faites cuire dans un four préchauffé à 200 °C (th. 7) pendant 10 minutes.

Laissez revenir à température ambiante.

Finition : Au moment de servir, coupez les fruits de la passion en deux et versez le jus et les grains sur les abricots.

À l'aide d'un zesteur, râpez le granité sur les abricots tièdes.

Dégustez sans attendre.

CAKE BANANE
AU GOÛT D'ORANGE

Voici une association simple mais totalement oubliée. La banane se marie à merveille avec l'orange… et les copeaux de chocolat blanc arrondissent le tout en bouche… Un délice !

INGRÉDIENTS

POUR 4 PERSONNES

- BEURRE .... 80 g
- SUCRE CASSONADE .... 115 g
- ŒUF .... 50 g (1)
- BANANES MÛRES .... 150 g (3)
- FARINE T45 .... 125 g
- POUDRE À LEVER .... 5 g
- SEL FIN .... 1 PETITE PINCÉE
- VIEUX RHUM BRUN .... 10 g (1 cl)

DIVERS

- ORANGES BIO 4
- CHOCOLAT BLANC .... 50 g
- MARMELADE D'ORANGES .... 1 POT

NIVEAU DE DIFFICULTÉ : ●○○

PRÉPARATION : 30 MIN - **CUISSON** : 20 MIN - **DÉGUSTATION** : TEMPÉRATURE AMBIANTE

Dans une jatte, à l'aide d'un fouet, mélangez le beurre bien mou avec le sucre cassonade. Incorporez l'œuf, puis les bananes préalablement écrasées à la fourchette. Ajoutez le sel, la poudre à lever et la farine tamisées, mélangez bien. Versez en dernier le vieux rhum brun.

Dressez à mi-hauteur dans deux moules à cake beurrés et farinés. Faites cuire dans un four préchauffé à 170 °C (th. 6), environ 20 minutes.

Laissez refroidir puis démoulez.

Finition : Épluchez les oranges, prélevez les zestes ainsi que les quartiers, gardez le jus.

Imbibez les cakes tièdes avec le jus d'orange frais, disposez les quartiers sur le dessus, nappez le tout de marmelade d'oranges préalablement fondue au micro-ondes.

Parsemez les gâteaux de zestes d'oranges.

Râpez le chocolat blanc avec un économe et dressez les copeaux autour des cakes.

FAITES CUIRE VOTRE CAKE SANS ATTENDRE, IL SE DÉVELOPPERA MIEUX AU FOUR ET SERA PLUS LÉGER. PIQUEZ-LE AVEC LA LAME D'UN COUTEAU. LORSQUE CELLE-CI RESSORT BIEN SÈCHE, C'EST QUE LE CAKE EST CUIT !

PETITS POTS
SOUVENIR DES ANTILLES

Le goût de cette crème se rapproche du lait concentré. Sa texture très fondante et crémeuse est incomparable.

INGRÉDIENTS

POUR 4 PERSONNES

CRÈME COCO IVOIRE

- CRÈME LIQUIDE (35 % MG) .... 160 g (16 cl)
- LAIT DE COCO .... 160 g (16 cl)
- CHOCOLAT BLANC .... 120 g
- JAUNES D'ŒUFS .... 80 g (4)

DIVERS

- ANANAS VICTORIA 1
- CITRON VERT BIO 1
- GROSEILLES .... 1 BARQUETTE

NIVEAU DE DIFFICULTÉ : ●○○

PRÉPARATION : 20 MIN - **CUISSON** : 45 MIN - **REPOS** : 2 H - **DÉGUSTATION** : BIEN FRAIS

Crème coco ivoire : Dans une casserole, faites bouillir la crème et le lait de coco.
Versez sur le chocolat blanc préalablement coupé en petits morceaux.
Mélangez le tout à l'aide d'un fouet. Intégrez les jaunes d'œufs, puis mixez intensément.
Coulez à mi-hauteur dans des ramequins.
Faites cuire dans un four préchauffé à 85 °C (th. 3), environ 45 minutes.
Réservez au minimum 2 heures au réfrigérateur.

Finition : Épluchez l'ananas, coupez-le en quatre et retirez le cœur. Détaillez-le en fins bâtonnets et répartissez-les dans les ramequins.
Zestez le citron vert au-dessus des crèmes à la minute.
Déposez 1 groseille dans chaque ramequin.

MOUSSE NACRÉE AU LITCHI
COULIS DE FRAMBOISES FRAÎCHES

« Un hommage à Frédéric Bau, directeur de l'école du grand chocolat Valrhona qui a su associer et sublimer la saveur du litchi et de la framboise dans cette délicieuse mousse au chocolat blanc. »

INGRÉDIENTS

POUR 4 PERSONNES

MOUSSE IVOIRE LITCHI

- CRÈME LIQUIDE (35 % MG) .... 225 g (22,5 cl)
- CHOCOLAT BLANC .... 150 g
- LAIT ENTIER .... 30 g (3 cl)
- PURÉE DE LITCHIS (OU LITCHIS FRAIS MIXÉS) .... 90 g
- ALCOOL DE LITCHIS (SOHO®) .... 10 g (1 cl)
- GÉLATINE .... 4 g (2 FEUILLES)

DIVERS

- FRAMBOISES FRAÎCHES .... 1 BARQUETTE DE 125 g
- SUCRE CASSONADE .... 10 g (1 GROSSE PINCÉE)

NIVEAU DE DIFFICULTÉ : ●○○

PRÉPARATION : 25 MIN - **REPOS** : 1 H - **DÉGUSTATION** : BIEN FRAIS

Mousse ivoire litchi : Dans un récipient, montez la crème liquide au fouet jusqu'à obtenir une crème mousseuse. Réservez au réfrigérateur.

Coupez le chocolat blanc en petits morceaux, puis faites-le fondre doucement au micro-ondes. Dans une casserole, faites bouillir le lait, la purée et l'alcool de litchis. Incorporez la gélatine préalablement ramollie dans de l'eau froide et essorée.

Versez sur le chocolat blanc fondu, puis mixez le tout.
Votre mélange doit être approximativement à 40 °C. Ajoutez la crème mousseuse et mélangez à l'aide d'un fouet.

Finition : Mélangez le sucre cassonade avec les framboises.

Remuez vivement à l'aide d'un fouet pour obtenir une compotée.

Dressez tout de suite sur la mousse.

NUAGE CITRONNELLE
SUR DES POIRES CARAMÉLISÉES À L'ÉRABLE !!!

J'ai élaboré cette recette sur une idée de Jean Sulpice, chef de cuisine et propriétaire du restaurant L'Oxalys à Val-Thorens. Cette mousse aérienne de chocolat blanc est un pur délice !

POUR 4 PERSONNES

INGRÉDIENTS

ÉMULSION CITRONNELLE

- CRÈME LIQUIDE (35 % MG) .... 120 g (12 cl)
- BÂTONS DE CITRONNELLE .... 30 g (3)
- CHOCOLAT BLANC .... 120 g
- BLANCS D'ŒUFS .... 120 g (4)
- SEL FIN .... 1 TOUTE PETITE PINCÉE

POIRES CARAMÉLISÉES À L'ÉRABLE

- POIRES WILLIAMS FRAÎCHES 2
- BEURRE .... 50 g
- SIROP D'ÉRABLE .... 100 g (10 cl)

DIVERS

- SABLÉS BRETONS .... 1 PAQUET
- SIROP D'ÉRABLE

NIVEAU DE DIFFICULTÉ : ●○○

PRÉPARATION : 30 MIN - **REPOS** : 2 H - **DÉGUSTATION** : BIEN FRAIS

Émulsion citronnelle : Dans une casserole, portez la crème à frémissement, ajoutez la citronnelle ciselée et laissez infuser durant 20 minutes.

Passez au chinois et versez sur le chocolat blanc haché. Mélangez au fouet, ajoutez les blancs d'œufs crus et le sel, puis mixez.

Stockez directement dans un siphon au minimum 2 heures au réfrigérateur. Chargez le siphon avec deux cartouches de gaz, puis réservez de nouveau au réfrigérateur.

Poires caramélisées à l'érable : Épluchez et épépinez les poires, coupez-les en cubes.

Dans une poêle, faites fondre le beurre. Faites revenir les cubes de poire et arrosez avec le sirop d'érable. Laissez caraméliser quelques minutes, puis réservez dans une assiette.

Finition : Répartissez les poires tièdes dans des verres, saupoudrez de brisures de sablés bretons. Dressez l'émulsion citronnelle et versez 1 cuillerée de sirop d'érable.

Dégustez sans attendre.

J'AIME PRÉPARER TOUTES MES INFUSIONS LA VEILLE. IL SUFFIT DE MÉLANGER LA CRÈME AVEC LA CITRONNELLE, LE THÉ OU LE CAFÉ ET DE LAISSER INFUSER 1 NUIT AU RÉFRIGÉRATEUR. LE PARFUM SERA PLUS PRONONCÉ.

CRÈME GLACÉE AU WASABI

ÇA DÉMÉNAGE !!!

J'ai goûté ma première glace au wasabi chez William Ledeuil, chef propriétaire du restaurant Ze Kitchen Galerie. L'assaisonnement de ses plats à base de rhizomes est juste exceptionnel…

INGRÉDIENTS

POUR 4 PERSONNES

- LAIT ENTIER .... 400 g (40 cl)
- CRÈME LIQUIDE (35 % MG) .... 100 g (10 cl)
- CHOCOLAT BLANC .... 125 g
- WASABI .... 30 g
- GÉLATINE .... 2 g (1 FEUILLE)

DIVERS

- FRAMBOISES FRAÎCHES .... 1 BARQUETTE DE 125 g
- GROSEILLES FRAÎCHES .... 1 BARQUETTE DE 125 g
- MYRTILLES FRAÎCHES .... 1 BARQUETTE DE 125 g
- CONFITURE DE FRAMBOISES .... 50 g
- CITRON VERT BIO 1
- POMME GRANNY-SMITH 1

NIVEAU DE DIFFICULTÉ : ●○○

PRÉPARATION : 20 MIN - **REPOS** : 1 H - **DÉGUSTATION** : BIEN FRAIS

Dans une casserole, portez à ébullition le lait et la crème.

Versez sur le chocolat blanc haché, mélangez au fouet, intégrez le wasabi et la gélatine préalablement ramollie dans de l'eau froide et essorée, puis mixez.

Réservez 1 heure au réfrigérateur.

Transvasez dans une machine à glace, turbinez et placez au congélateur.

Finition : Mélangez les framboises, les groseilles et les myrtilles fraîches avec la confiture. Zestez le citron vert en surface.

Dressez dans des assiettes creuses, puis disposez autour de fines lamelles de pomme fraîchement découpées.

Réalisez des quenelles de crème glacée à l'aide d'une cuillère trempée dans de l'eau chaude. Posez-les directement sur les fruits rouges.

Dégustez sans attendre.

SI VOUS N'AVEZ PAS DE TURBINE À GLACE, VOUS POUVEZ DÉMOULER LA CRÈME GLACÉE SURGELÉE, LA COUPER EN CUBES ET LA MIXER SANS ATTENDRE AU ROBOT-COUPE®. LE RÉSULTAT SERA UN PEU GRANULEUX MAIS SE RAPPROCHERA D'UNE GLACE !

TRUFFES WHISKY
« ON THE ROCKS »

Après le "whisky on the rocks", voici des truffes givrées très originales à déguster sans modération...

INGRÉDIENTS

POUR 4 PERSONNES

GANACHE LIQUIDE CHOCOLAT BLANC-CRÈME DE WHISKY

- CRÈME LIQUIDE (35 % MG) .... 300 g (30 cl)
- CHOCOLAT BLANC .... 200 g
- CRÈME DE WHISKY (BAILEYS®) .... 60 g (6 cl)
- ESSENCE DE CAFÉ (TRABLIT®) .... 20 g (2 cl)
- SEL FIN .... 1 PINCÉE

DIVERS

- CHOCOLAT NOIR (66 % CACAO) .... 250 g
- CACAO EN POUDRE .... 50 g

NIVEAU DE DIFFICULTÉ : ●○○

PRÉPARATION : 20 MIN - **REPOS** : 1 NUIT - **DÉGUSTATION** : SORTIR DU CONGÉLATEUR 5 MIN AVANT

Ganache liquide chocolat blanc-crème de whisky : Dans une casserole, faites bouillir la crème. Versez sur le chocolat blanc préalablement haché.

Ajoutez la crème de whisky, l'essence de café et le sel.

Mixez, versez dans des moules à glaçons.

Réservez 1 nuit au congélateur.

Finition : Faites fondre le chocolat noir au micro-ondes à environ 50 °C.

Démoulez les glaçons de ganache.

Muni de gants en plastique, trempez chaque glaçon dans le chocolat, puis roulez-les dans du cacao en poudre.

Réservez au congélateur.

COULEZ CETTE GANACHE LIQUIDE DANS DES MOULES À GLAÇONS DE PRÉFÉRENCE EN SILICONE. IL SERA BEAUCOUP PLUS FACILE DE LES DÉMOULER ENSUITE.

TARTINE DE L'AMI VASSEUR

SERVIE JUSTE TIÈDE

Christophe Vasseur est le meilleur boulanger que je connaisse. Sa spécialité est le "pain des amis", une grosse miche de pain cuite au feu de bois avec une croûte torréfiée et irrésistible… Succès imparable pour le goûter…

POUR 4 PERSONNES

INGRÉDIENTS

PAIN DE CAMPAGNE	4 TRANCHES
BEURRE DEMI-SEL	100 g
PÂTE À TARTINER MAISON (VOIR P. 74)	250 g
NOISETTES GRILLÉES	50 g
CHOCOLAT BLANC	50 g

NIVEAU DE DIFFICULTÉ : ●○○

PRÉPARATION : 10 MIN - **DÉGUSTATION** : TIÈDE

Coupez des tranches de pain de campagne assez épaisses.
Tartinez généreusement de beurre salé.
Dressez la pâte à tartiner à la noisette maison.
Parsemez de noisettes grillées et concassées, puis de chocolat blanc râpé.

Finition : Toastez quelques secondes sous le gril du four.
Dégustez tiède.

PANNA COTTA
POÊLÉE DE CERISES FLAMBÉES

Cerises, chocolat blanc, kirsch… que demander de plus… ? Cette recette de base crémeuse, fondante et onctueuse, qui a toujours beaucoup de succès, m'a été léguée par mon ami Gianluca Fusto, chef pâtissier italien qui sillonne le monde pour répandre son savoir sucré.

POUR 4 PERSONNES

INGRÉDIENTS

PANNA COTTA

- LAIT ENTIER .... 170 g (17 cl)
- VANILLE .... 1 GOUSSE
- GÉLATINE .... 4 g (2 FEUILLES)
- CHOCOLAT BLANC .... 120 g
- CRÈME LIQUIDE (35 % MG) .... 230 g (23 cl)

POÊLÉE DE CERISES FLAMBÉES

- SUCRE SEMOULE .... 25 g
- CERISES FRAÎCHES 24
- KIRSCH .... 25 g (2,5 cl)

DIVERS

- CHOCOLAT BLANC (POUR LE DÉCOR) .... 100 g

NIVEAU DE DIFFICULTÉ : ●○○

PRÉPARATION : 30 MIN - **REPOS** : 2 H - **DÉGUSTATION** : BIEN FRAIS

Panna cotta : Dans une casserole, faites chauffer le lait à frémissement avec la gousse de vanille coupée en deux et grattée.

Incorporez la gélatine préalablement ramollie dans de l'eau froide et essorée.

Retirez la gousse de vanille et versez sur le chocolat blanc haché.

Mixez intensément, puis ajoutez la crème liquide.

Mixez de nouveau, coulez en pots et réservez au minimum 2 heures au réfrigérateur.

Poêlée de cerises flambées : Dans une poêle chaude, faites caraméliser le sucre.

Ajoutez les cerises coupées en deux. Faites revenir les fruits, puis déglacez avec le kirsch. Flambez.

Finition : Versez les cerises flambées sur les panna cotta.

POUR RÉALISER LE DÉCOR DE LA PHOTO, FAITES FONDRE ET METTEZ AU POINT LE CHOCOLAT BLANC (VOIR P. 144). CONGELEZ VOS VERRES ET TREMPEZ LEUR BORD DANS LE CHOCOLAT. RETOURNEZ AUSSITÔT POUR RÉALISER DES GOUTTES, CELA DONNERA UN CÔTÉ PLUS GOURMAND.

BRIOCHE
D'UN AUTRE MONDE

Recette mi-moelleuse, mi-friable délivrée par mon ami Patrick Chevallot, meilleur ouvrier de France à Val-d'Isère. Je me suis permis de la parfumer à l'orange, de l'arroser de Grand Marnier, puis de la gratiner avec du chocolat blanc… Un grand moment de plaisir.

INGRÉDIENTS

POUR 4 PERSONNES

BRIOCHE CHEVALLOT

PÂTE À BRIOCHE (CHEZ VOTRE BOULANGER)	250 g
PÂTE SUCRÉE (CHEZ VOTRE BOULANGER)	250 g
LE ZESTE DE 2 ORANGES BIO	
LEVURE BIOLOGIQUE (CHEZ VOTRE BOULANGER)	10 g
POUDRE À LEVER	5 g
ŒUF	50 g (1)

DIVERS

BEURRE	50 g
CRÈME ÉPAISSE	50 g (5 cl)
AMANDES BRUTES GRILLÉES	100 g
SUCRE CASSONADE	60 g
GRAND MARNIER	60 g (6 cl)
CHOCOLAT BLANC	50 g

NIVEAU DE DIFFICULTÉ : ●○○

PRÉPARATION : 30 MIN - **REPOS** : 1 H - **CUISSON** : 16 MIN - **DÉGUSTATION** : TIÈDE

Brioche Chevallot : Sur un plan de travail légèrement fariné, mélangez à la main la pâte à brioche et la pâte sucrée crue, les zestes, la levure biologique puis la poudre à lever.

Mélangez bien, réalisez une boule, puis aplatissez-la avec la paume de la main sur une épaisseur d'1 cm et 20 cm de diamètre.

Dressez sur une plaque recouverte de papier cuisson et laissez pousser le tout au minimum 1 heure dans la pièce la plus chaude de la maison. Battez l'œuf et badigeonnez-en la brioche.

À l'aide de vos doigts, réalisez des petites cavités. Dans chacune, déposez un petit morceau de beurre, puis de la crème épaisse à l'aide d'une cuillère.

Parsemez d'amandes brutes préalablement grillées.

Saupoudrez de sucre cassonade et faites cuire dans un four préchauffé à 160 °C (th. 5/6) pendant 16 minutes.

Finition : Sortez la brioche du four, posez-la sur une grille et arrosez en direct de Grand Marnier sur la surface.

Parsemez sans attendre de chocolat blanc haché.

Dégustez tiède.

IL EST POSSIBLE DE STOCKER CETTE PÂTE AU CONGÉLATEUR ENVELOPPÉE DANS DU FILM ALIMENTAIRE. IL SUFFIRA DE LA SORTIR LA VEILLE ET DE LA RÉSERVER AU RÉFRIGÉRATEUR AVANT DE L'UTILISER.

PETITS BATEAUX
AUX FRUITS DU MOMENT

Petit hommage à mon beau-père Michel, vendéen pure souche et originaire des Sables-d'Olonne, où a lieu le départ de la course mythique… le Vendée Globe.

INGRÉDIENTS

POUR 4 PERSONNES

MOUSSE CHOCOLAT BLANC EXPRESS

CRÈME LIQUIDE (35 % MG) .... 100 g (10 cl)
CHOCOLAT BLANC .... 75 g

DIVERS

BARQUETTE 3 CHATONS LU® À LA FRAISE ... 1 PAQUET
FRAISES DES BOIS .... 2 BARQUETTES
SUCRE GLACE .... 10 g
COLORANT ROUGE SPÉCIAL CHOCOLAT .. QUELQUES GOUTTES (VOIR PCB, P. 155)
DÉCOR EN CHOCOLAT BLANC .... 100 g (VOIR P. 144)

NIVEAU DE DIFFICULTÉ : ●○○

PRÉPARATION : 30 MIN - **DÉGUSTATION** : BIEN FRAIS

Mousse chocolat blanc express : Dans une jatte, montez au fouet la crème liquide jusqu'à obtenir la consistance d'une chantilly.

Faites fondre le chocolat blanc préalablement concassé au micro-ondes à une température de 40 °C.

Mélangez énergiquement la moitié de la crème montée avec le chocolat fondu, puis ajoutez le reste de la crème.

Dressez sur les barquettes à la fraise et lissez à ras.

Finition : Disposez les fraises des bois sur les barquettes, saupoudrez de sucre glace.

Au dernier moment, plantez les voiles en chocolat blanc coloré rouge (voir p. 144).

UTILISEZ LES BISCUITS BARQUETTE 3 CHATONS DE LU® POUR GAGNER DU TEMPS.

BONBON GLACÉ
COCO-CARAMEL-PÉCAN

Mon ami Sébastien Bouillet, excellent pâtissier lyonnais, fut le premier à décliner des gourmandises en forme de Magnum®.

INGRÉDIENTS

POUR 4 PERSONNES

CRÈME CHANTILLY COCO

- CRÈME LIQUIDE (35 % MG) .... 300 g (30 cl)
- CHOCOLAT BLANC .... 150 g
- RHUM À LA NOIX DE COCO (MALIBU®) ...... 20 g (2 cl)

CARAMEL AU BEURRE DE SEL

- SUCRE SEMOULE .... 125 g
- BEURRE DEMI-SEL .... 75 g
- CRÈME LIQUIDE (35 % MG) .... 100 g (10 cl)

DIVERS

- CHOCOLAT BLANC .... 300 g
- BEURRE DE CACAO .... 80 g
- NOIX DE COCO EN POUDRE GRILLÉE .... 50 g
- NOIX DE PÉCAN GRILLÉES CONCASSÉES .... 50 g

NIVEAU DE DIFFICULTÉ : ●○○

PRÉPARATION : 45 MIN - **REPOS** : 2 NUITS - **DÉGUSTATION** : BIEN FRAIS (5°C)

Crème chantilly coco : La veille, faites bouillir la crème dans une casserole. Versez-la sur le chocolat blanc haché, ajoutez le Malibu®.
Mixez. Réservez dans un bac en plastique 1 nuit au réfrigérateur.

Caramel au beurre de sel : Dans une casserole, faites cuire le sucre à sec jusqu'à ce qu'il obtienne une belle couleur caramel.

Intégrez le beurre demi-sel, remuez bien au fouet.
Ajoutez petit à petit la crème préalablement chauffée au micro-ondes. Donnez de nouveau une ébullition. Mixez et réservez dans un bac en plastique au minimum 1 heure au réfrigérateur.

Finition : Dans la cuve d'un batteur électrique muni d'un fouet, montez la chantilly coco (texture finale assez souple). Dressez dans les moules (modèles pour les glaces à l'eau), coulez au milieu le caramel mou. Finissez de garnir avec la crème Chantilly, puis plantez un bâtonnet en bois. Congelez au minimum 1 nuit.

Faites fondre le chocolat blanc et le beurre de cacao à environ 45 °C. Ajoutez la noix de coco en poudre grillée, puis les noix pécan. Trempez en une seule fois les bonbons glacés dans ce mélange. Réservez au réfrigérateur.

UTILISEZ DES MOULES EN PLASTIQUE PRÉVUS POUR LES GLACES À L'EAU. AFIN DE LES DÉMOULER PLUS FACILEMENT, PASSEZ-LES SOUS L'EAU CHAUDE. POUR GAGNER DU TEMPS, ACHETEZ DE LA CONFITURE DE LAIT EN ÉPICERIE À LA PLACE DU CARAMEL...

COURONNE PRINCESSE
POUR LES PETITES FILLES

Pour l'anniversaire de la fille d'un de mes amis, je me suis amusé à réaliser cette couronne de princesse. C'est un exercice fin et délicat pour lequel il faut beaucoup de concentration… mais le résultat est là !

POUR 4 PERSONNES

INGRÉDIENTS

- CHOCOLAT BLANC .... 500 g
- COLORANT ROUGE SPÉCIAL CHOCOLAT .... QUELQUES GOUTTES (VOIR PCB, P. 155)
- BEURRE DE CACAO .... 20 g
- BONBONS FRAISE .... 1 PAQUET
- BONBONS DRAGIBUS® .... 1 PAQUET
- COURONNES EN PAPIER 2

NIVEAU DE DIFFICULTÉ : ●●○

PRÉPARATION : 40 MIN - **REPOS** : 20 MIN - **DÉGUSTATION** : TEMPÉRATURE AMBIANTE

Concassez le chocolat blanc. Faites-le fondre à mi-puissance au micro-ondes.

Remuez bien toutes les minutes et surtout ne dépassez pas 34 °C.

Ajoutez le colorant rouge préalablement dilué avec un peu de beurre de cacao fondu, mixez.

À l'aide d'un pinceau, badigeonnez généreusement la couronne en papier posée à plat de chocolat au point (voir p. 144).

Déposez ensuite une deuxième couronne au contact du chocolat.

Attendez 1 minute, puis dressez le montage autour d'un cercle et réservez au minimum 20 minutes au réfrigérateur.

Finition : Démoulez très délicatement.

Coupez les bonbons fraise en deux. Collez les fraises et les Dragibus® à l'aide du chocolat au point pour décorer la couronne.

Réservez à température ambiante.

UTILISEZ LES COURONNES EN PAPIER DES GALETTES DES ROIS POUR OBTENIR UN JOLI EFFET. SI L'EXERCICE VOUS SEMBLE DIFFICILE, NAPPEZ DE CHOCOLAT UNE SEULE COURONNE SANS ENLEVER LE CARTON… CELA VOUS ASSURERA UNE BELLE PRÉSENTATION !

TARTE AUX FRAISES
CARRÉE DE CHEZ CARRÉE

Voici un de mes desserts classiques. J'adore découper une tarte et avoir le même équilibre de crème, fruits et biscuit… C'est tellement important !

POUR 4 PERSONNES

INGRÉDIENTS

BISCUIT À LA PISTACHE

POUDRE D'AMANDES	60 g
SUCRE GLACE	110 g
FÉCULE DE POMME DE TERRE	15 g
PISTACHES ENTIÈRES	80 g
BLANCS D'ŒUFS	150 g (5)
JAUNE D'ŒUF	20 g (1)
BEURRE	85 g
SUCRE SEMOULE	45 g

CHANTILLY À LA PISTACHE

CRÈME LIQUIDE (35 % MG)	180 g (18 cl)
CHOCOLAT BLANC	85 g
PÂTE DE PISTACHES (VOIR P. 146)	10 g

DIVERS

FRAISES GARIGUETTES	25 g
CONFITURE DE FRAISES	100 g
PISTACHES HACHÉES	50 g

NIVEAU DE DIFFICULTÉ : ●●○

PRÉPARATION : 45 MIN - **CUISSON** : 15 MIN - **REPOS** : 1 NUIT - **DÉGUSTATION** : BIEN FRAIS

Biscuit à la pistache : Dans un Robot-Coupe®, broyez la poudre d'amandes, le sucre glace, la fécule de pomme de terre et les pistaches entières. Incorporez ensuite 2 blancs d'œufs crus, le jaune d'œuf puis le beurre préalablement fondu au micro-ondes à 45 °C.
Dans une jatte, montez les 3 blancs d'œufs restants avec le sucre semoule comme une meringue à l'aide d'un fouet. Intégrez délicatement à la préparation précédente et coulez la pâte à biscuit dans un cadre de 16 x 16 cm chemisé de papier d'aluminium.
Faites cuire dans un four préchauffé à 180 °C (th. 6) environ 15 minutes. Réservez sur une grille.
À froid, coupez les extrémités pour enlever le cadre.

Chantilly à la pistache : Dans une casserole, portez la crème à frémissement. Versez sur le chocolat blanc préalablement concassé, puis ajoutez la pâte de pistaches. Fouettez, mixez, puis réservez 1 nuit au réfrigérateur.
Le lendemain, dans une jatte, montez le tout à l'aide d'un fouet jusqu'à obtenir la consistance d'une crème Chantilly.

Finition : Étalez un peu de confiture de fraises sur le biscuit pistache. Dressez dessus 5 rangées de 5 fraises (équeutées).
Au pinceau, nappez de nouveau la tarte ainsi que les bords de confiture tiédie.
À l'aide d'une poche, réalisez des flammes de chantilly à la pistache sur les fraises. Saupoudrez de brisures de pistaches.

RÉALISEZ CETTE RECETTE UNIQUEMENT EN PLEINE SAISON, DE MI-MAI À FIN AOÛT… LA FRAISE, ÇA SE RESPECTE…

SAINT-HONORÉ
AUX TROIS CHOCOLATS

Lorsque j'ai commencé le métier, la grande mode était le gâteau aux trois chocolats. En voici une version plus actuelle avec mon produit phare : la pâte à choux !

INGRÉDIENTS

POUR 4 PERSONNES

CRÈME DE BASE

CRÈME LIQUIDE (35 % MG) ..... 170 g (17 cl)
MIEL DE FLEURS ..... 30 g

CHANTILLY CHOCOLAT BLANC

CRÈME DE BASE ..... 70 g (7 cl)
CHOCOLAT BLANC ..... 75 g
CRÈME LIQUIDE (35 % MG) ..... 150 g (15 cl)

CHANTILLY CHOCOLAT AU LAIT

CRÈME DE BASE ..... 70 g (7 cl)
CHOCOLAT AU LAIT (40 % CACAO) ..... 75 g
CRÈME LIQUIDE (35 % MG) ..... 150 g (15 cl)

CHANTILLY CHOCOLAT NOIR

CRÈME DE BASE ..... 70 g (7 cl)
CHOCOLAT NOIR (66 % CACAO) ..... 40 g
CRÈME LIQUIDE (35 % MG) ..... 110 g (11 cl)

DIVERS

SABLÉS BRETONS 4
PÂTE À TARTINER MAISON ..... 200 g
(VOIR P. 74 OU CHEZ VOTRE ÉPICIER)
MINI-CHOUX 12
(VOIR PÂTE À CHOUX P. 145 + CRAQUELIN P. 134 OU CHEZ VOTRE PÂTISSIER)
CÉRÉALES ENROBÉES DE CHOCOLAT ..... 100 g

NIVEAU DE DIFFICULTÉ : ●●●

PRÉPARATION : 1 H - **REPOS** : 1 NUIT - **DÉGUSTATION** : SORTIR DU RÉFRIGÉRATEUR 5 MIN AVANT

Chantilly chocolat blanc, lait et noir : Dans une casserole, faites bouillir la crème et le miel. Divisez cette crème de base en trois, soit 3 x 70 g.
Versez 70 g de crème de base sur le chocolat blanc préalablement fondu. Ajoutez la crème liquide et mixez.
Versez 70 g de crème de base sur le chocolat au lait préalablement fondu. Ajoutez la crème liquide et mixez.
Versez 70 g de crème de base sur le chocolat noir préalablement fondu. Ajoutez la crème liquide et mixez.
Stockez les trois chantilly 1 nuit au réfrigérateur.

Finition : Déposez sur chaque sablé breton 1 cuillerée à café de pâte à tartiner maison.
Montez séparément au fouet les trois chantilly.
Dressez chaque chantilly dans une poche en plastique, coupez le bout. Versez les trois poches de chantilly blanc, au lait et noir dans une grande poche munie d'une grosse douille cannelée.
Garnissez les mini-choux de cette chantilly.
Posez 3 choux sur chaque sablé et dressez dessus la chantilly aux trois chocolats.
Décorez de billes de céréales au chocolat noir.

N'HÉSITEZ PAS À ACHETER VOS CHOUX CHEZ VOTRE ARTISAN PÂTISSIER PRÉFÉRÉ. ATTENTION À NE PAS TROP MONTER LES CHANTILLY, SINON ELLES AURONT TENDANCE À GRAINER !

4

MES RECETTES DE BASE

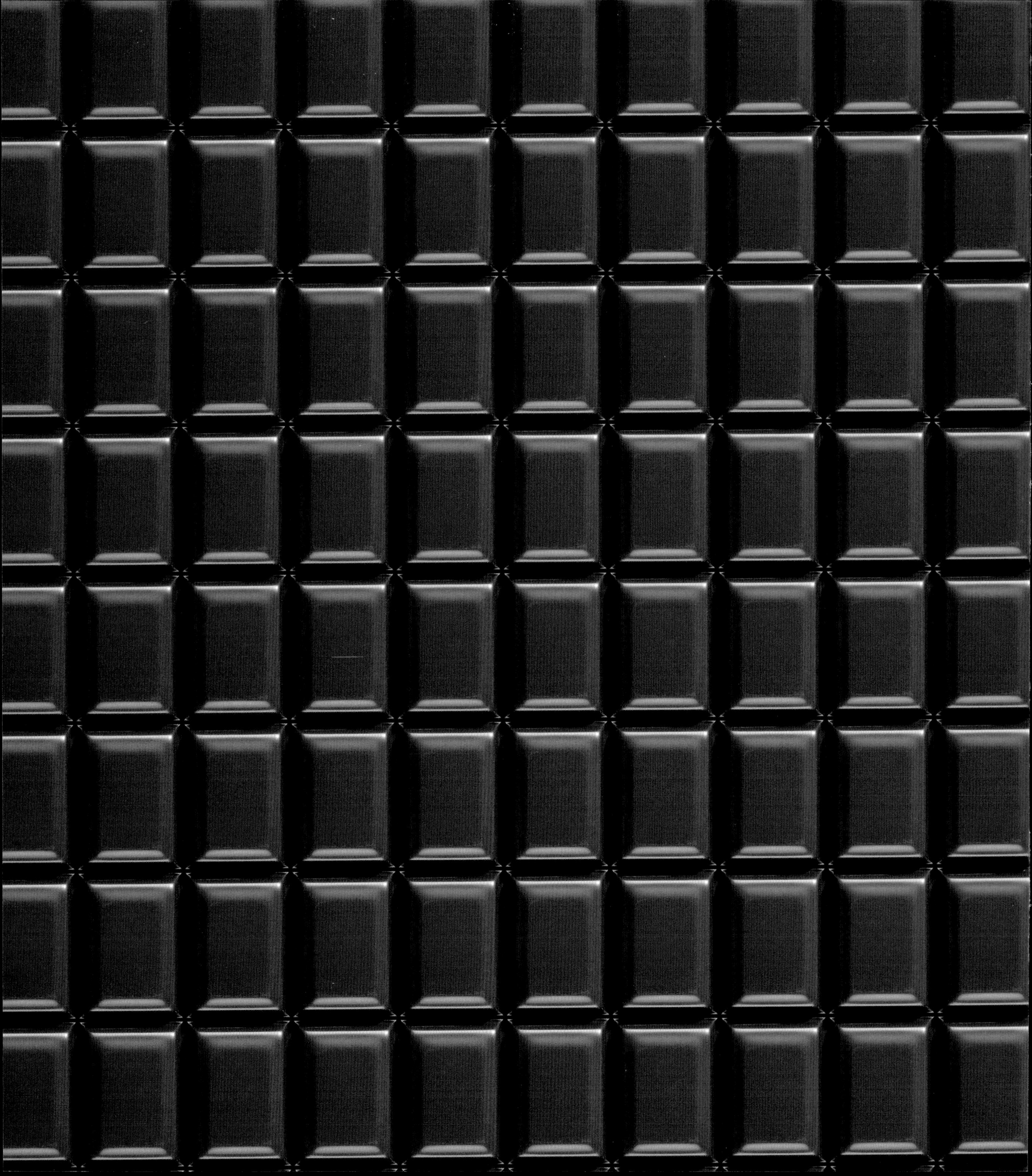

MES RECETTES DE BASE

BISCUIT JOCONDE

INGRÉDIENTS

ŒUFS	200 g (4)
SUCRE GLACE	150 g
POUDRE D'AMANDES	50 g
FARINE T55	40 g
BLANCS D'ŒUFS	120 g (4)
SUCRE SEMOULE	20 g
BEURRE	30 g

PRÉPARATION : 30 MIN - **CUISSON** : 4 MIN

Réalisation :

Dans la cuve d'un batteur électrique muni d'un fouet, montez les œufs entiers avec le sucre glace, la poudre d'amandes et la farine préalablement tamisée.

Dans une autre cuve d'un batteur électrique muni d'un fouet, montez les blancs d'œufs tempérés en ajoutant petit à petit le sucre semoule.

Une fois les blancs bien montés, ajoutez délicatement à l'aide d'une maryse le premier mélange, puis le beurre préalablement fondu au micro-ondes.

Étalez sur la plaque du four recouverte d'une feuille de papier sulfurisé.

Faites cuire dans un four préchauffé à 220 °C (th. 7/8) pendant environ 4 minutes.

Débarrassez sur une grille.

POUR VÉRIFIER LA CUISSON, APPUYEZ LÉGÈREMENT SUR LE BISCUIT AVEC VOTRE DOIGT. SI LA PÂTE REMONTE ET QUE LA CONSISTANCE EST MOELLEUSE, LE BISCUIT EST CUIT. SA COULEUR SE RAPPROCHE DU CARAMEL CLAIR.

CRAQUELIN
POUR PÂTE À CHOUX

INGRÉDIENTS

FARINE	185 g
BEURRE	150 g
SUCRE CASSONADE	185 g

PRÉPARATION : 20 MIN

Réalisation :

Tamisez la farine, tempérez le beurre au micro-ondes, ajoutez le sucre cassonade.

Dans une jatte, mélangez le tout à la main et déposez entre deux feuilles de papier cuisson.

À l'aide d'un rouleau, étalez sur 1 mm d'épaisseur.

Laissez reposer quelques minutes au réfrigérateur, puis détaillez ou découpez selon la forme désirée.

Avant cuisson, superposez le craquelin sur la surface de votre pâte à choux.

CETTE VIEILLE TECHNIQUE EST UTILISÉE DEPUIS DES ANNÉES EN BELGIQUE. ELLE PERMET DE RÉGULARISER LA PÂTE À CHOUX À LA CUISSON ET DE LUI DONNER UN CROUSTILLANT SUPPLÉMENTAIRE.

CRÈME
AU BEURRE

ŒUFS FRAIS	150 g (3)
SUCRE SEMOULE	250 g
EAU	75 g (7,5 cl)
BEURRE	500 g

AVANT DE PRÉPARER VOTRE RECETTE, SORTEZ LE BEURRE AU MINIMUM 1 HEURE À L'AVANCE À TEMPÉRATURE AMBIANTE POUR QU'IL DEVIENNE SOUPLE. SI LE BEURRE EST TROP FROID, VOUS OBTIENDREZ DES GRUMEAUX DANS VOTRE CRÈME.

PRÉPARATION : 45 MIN

Réalisation :

Dans la cuve d'un batteur électrique muni d'un fouet, montez les œufs à vitesse moyenne.

Dans une casserole, mélangez le sucre et l'eau et faites cuire très précisément à 121 °C en vous aidant d'un thermomètre. Il est important de s'assurer de la propreté des bords de la casserole et, si besoin, de la nettoyer à l'aide d'un pinceau humide.

Versez doucement sur les œufs et continuez à monter au fouet à vitesse moyenne.

Lorsque le mélange est tiède, incorporez le beurre (préalablement tempéré), petit à petit.

Émulsionnez bien le tout et réservez dans une boîte hermétique au réfrigérateur.

CRÈME
MOUSSELINE PRALINÉ

INGRÉDIENTS

- CRÈME PÂTISSIÈRE (VOIR P. 137) .... 150 g
- PRALINÉ NOISETTE MAISON (VOIR P. 147 OU CHEZ VOTRE PÂTISSIER) .... 100 g
- CRÈME AU BEURRE (VOIR P. 135) .... 250 g

PRÉPARATION : 15 MIN

Réalisation :

Dans la cuve d'un batteur électrique, émulsionnez à l'aide d'un fouet la crème pâtissière.
Ajoutez le praliné, puis la crème au beurre tempérée.
Fouettez le mélange pour qu'il devienne bien mousseux.
Utilisez tout de suite ou réservez au réfrigérateur.

POUR UTILISER UNE CRÈME MOUSSELINE DÉJÀ STOCKÉE AU RÉFRIGÉRATEUR, JE VOUS SUGGÈRE DE LA RÉCHAUFFER DÉLICATEMENT AU MICRO-ONDES, PUIS DE L'ÉMULSIONNER LÉGÈREMENT AU FOUET.

CRÈME PÂTISSIÈRE

INGRÉDIENTS

LAIT ENTIER	500 g (50 cl)
VANILLE DE MADAGASCAR	1 GOUSSE
SUCRE SEMOULE	100 g
JAUNES D'ŒUFS FRAIS	120 g (6)
FÉCULE DE MAÏS	50 g
BEURRE	50 g

PRÉPARATION : 30 MIN

Réalisation :

Dans une casserole, faites bouillir le lait avec la gousse de vanille fendue en deux et grattée.

Mélangez le sucre, les jaunes d'œufs et la fécule de maïs dans un récipient.

Versez le lait bouillant sur la préparation, fouettez bien, puis remettez sur le feu jusqu'à ébullition pendant 30 secondes, sans cesser de remuer.

Retirez du feu, incorporez le beurre, remuez bien puis réservez jusqu'à refroidissement dans un plat à gratin couvert au contact d'un film alimentaire.

LA VEILLE, JE CHAUFFE MON LAIT À FRÉMISSEMENT AVEC MA GOUSSE DE VANILLE, PUIS JE LAISSE LE TOUT INFUSER PENDANT 24 HEURES. LE GOÛT DE LA VANILLE EST AINSI BEAUCOUP PLUS PUISSANT.

CRÉMEUX
CHOCOLAT AU RHUM

INGRÉDIENTS

LAIT	140 g (14 cl)
CRÈME LIQUIDE (35 % MG)	140 g (14 cl)
JAUNES D'ŒUFS	60 g (3)
SUCRE SEMOULE	50 g
CHOCOLAT NOIR (66 % CACAO)	200 g
RHUM BRUN	50 g (5 cl)

PRÉPARATION : 30 MIN

Réalisation :

Dans une casserole, faites bouillir le lait et la crème. Ajoutez le mélange jaunes d'œufs et sucre, puis faites cuire le tout à 85 °C (comme une crème anglaise).

Versez la préparation précédente sur le chocolat haché finement.

Mélangez bien au fouet. Ajoutez le rhum, mixez.

Stockez au réfrigérateur dans une boîte en plastique hermétique.

GANACHE
CHOCOLAT

INGRÉDIENTS

CRÈME LIQUIDE (35 % MG)	260 g (26 cl)
MIEL D'ACACIA	40 g
CHOCOLAT NOIR	300 g
BEURRE DEMI-SEL	50 g

PRÉPARATION : 30 MIN

Réalisation :

Dans une casserole, faites bouillir la crème avec le miel.
Versez le mélange sur le chocolat haché finement.
Mélangez bien au fouet.
Ajoutez le beurre coupé en petits cubes, mixez.
Stockez à température ambiante dans une boîte en plastique hermétique.

Date limite de conservation : 2 jours à température ambiante, 1 semaine au réfrigérateur.

JE STOCKE TOUJOURS LA GANACHE À TEMPÉRATURE AMBIANTE. CELA ME PERMET DE L'UTILISER EN DIRECT, SA TEXTURE RESTE IMPECCABLE !

GIANDUJA
LAIT NOISETTE

INGRÉDIENTS

NOISETTES DU PIÉMONT (SANS PEAU)	150 g
SUCRE GLACE	150 g
SEL FIN	1 PETITE PINCÉE
CHOCOLAT AU LAIT	150 g

PRÉPARATION : 1 H

Réalisation :

Torréfiez les noisettes au four préchauffé à 150 °C (th. 5).
Lorsque la couleur des noisettes devient caramel brun, sortez-les du four et laissez-les refroidir.
Broyez les noisettes avec le sucre glace et le sel, ajoutez ensuite le chocolat au lait fondu.
Mélangez et réservez dans une boîte hermétique.

GLAÇAGE
GIANDUJA

INGRÉDIENTS

EAU	45 g (4,5 cl)
SUCRE	45 g
CRÈME LIQUIDE (40 % MG)	350 g (35 cl)
MIEL D'ACACIA	60 g
CHOCOLAT NOIR (66 % CACAO)	150 g
GIANDUJA LAIT NOISETTE (VOIR P. 140 OU CHEZ VOTRE ÉPICIER)	375 g
HUILE DE PÉPINS DE RAISIN	50 g (5 cl)

PRÉPARATION : 40 MIN

Réalisation :

Dans une casserole, faites bouillir l'eau et le sucre, puis ajoutez la crème, ainsi que le miel d'acacia et faites bouillir de nouveau.

Versez sur le chocolat et le gianduja préalablement hachés.

Versez l'huile et mixez le tout.

Mettez dans une boîte hermétique.

Stockez au réfrigérateur.

GLAÇAGE
OPÉRA

INGRÉDIENTS

- CHOCOLAT NOIR (66 % CACAO) .... 500 g
- BEURRE DE CACAO .... 100 g
- HUILE DE PÉPINS DE RAISIN .... 80 g (8 cl)

PRÉPARATION : 30 MIN

Réalisation :

Réunissez tous les ingrédients dans un bac en plastique.

Faites fondre délicatement au micro-ondes. Mélangez bien l'ensemble.

Réservez dans un endroit chaud (étuve) pour pouvoir l'utiliser au moment voulu.

CE GLAÇAGE BRILLANT MAIS CROQUANT EST PARFAIT POUR UN GÂTEAU TYPE OPÉRA. ON PEUT LUI AJOUTER 20 % DE FRUITS SECS (AMANDES HACHÉES GRILLÉES, NOIX, ETC.) AFIN DE LUI DONNER UN CÔTÉ PLUS GOURMAND. DANS CE CAS, IL SERA IDÉAL POUR NAPPER DES CAKES. ON PEUT ÉGALEMENT REMPLACER LE CHOCOLAT NOIR PAR DU CHOCOLAT AU LAIT.

MERINGUE FRANÇAISE

BLANCS D'ŒUFS	240 g (8)
SUCRE CRISTALLISÉ	225 g
SUCRE GLACE	225 g

PRÉPARATION : 30 MIN - **CUISSON** : 2 H

Réalisation :

Dans la cuve d'un batteur électrique muni d'un fouet, montez les blancs d'œufs préalablement tempérés en ajoutant petit à petit le sucre cristallisé.

Une fois les blancs bien montés, intégrez délicatement à l'aide d'une maryse le sucre glace tamisé.

Dressez la meringue à l'aide d'une poche et d'une douille unie.

Faites cuire dans un four préchauffé à 85 °C (th. 3) environ 2 heures.

Réservez dans un endroit sec.

IL EST IMPORTANT DE BIEN SÉCHER LA MERINGUE. SI ELLE RESTE MOELLEUSE À CŒUR, ELLE NE SERA PAS CROQUANTE. MIEUX VAUT LA CUIRE PLUS QUE PAS ASSEZ.

MISE AU POINT
DU CHOCOLAT

INGRÉDIENTS

CHOCOLAT BLANC OU CHOCOLAT AU LAIT OU CHOCOLAT NOIR .... 500 g

PRÉPARATION : 30 MIN

Réalisation :

Émincez très finement le chocolat et réservez-le dans un bac en plastique. Faites chauffer au micro-ondes à puissance moyenne pendant 30 secondes. Sortez-le, puis remuez-le énergiquement, renouvelez cette opération jusqu'à ce que votre préparation atteigne au maximum 34 °C. Si vous dépassez cette température de fusion, votre chocolat ne sera pas brillant et croquant comme vous le désirez. C'est pour cela qu'il faut être très vigilant !

Ensuite, réalisez les décors selon votre souhait. Très souvent, j'étale au rouleau mon chocolat au point entre deux feuilles de papier sulfurisé pour obtenir un brillant des deux côtés, et surtout un produit bien plat.

Amorcez la cristallisation du chocolat en le réservant quelques minutes au réfrigérateur (surtout pour le chocolat blanc).

PÂTE
À CHOUX

INGRÉDIENTS

EAU	125 g (12,5 cl)
LAIT ENTIER	125 g (12,5 cl)
BEURRE	115 g
SUCRE SEMOULE	5 g
SEL FIN	5 g
FARINE T55	140 g
ŒUFS FRAIS	250 g (5)
BEURRE FONDU	50 g
SUCRE GLACE	10 g

PRÉPARATION : 1 H - **DE REPOS** : 25 MIN - **CUISSON** : 15 MIN

Réalisation :

Dans une casserole, faites bouillir l'eau, le lait, 115 g beurre, le sucre semoule et le sel.

Ajoutez la farine préalablement tamisée en une seule fois, et remuez vivement avec une spatule sur le feu.

Transvasez la pâte dans une jatte. Lorsqu'elle est tiède, incorporez les œufs (préalablement tempérés) un par un, en mélangeant énergiquement à chaque ajout.

Versez dans une poche avec une douille unie n° 12. Dressez les choux sur la plaque du four recouverte d'une feuille de papier cuisson.

À l'aide d'un pinceau, badigeonnez chaque chou d'une fine couche de beurre fondu, puis saupoudrez de sucre glace.

Préchauffez votre four à 240 °C (th. 8), enfournez la plaque, puis éteignez le four environ 25 minutes. Rallumez le four et baissez la température à 170 °C (th. 6) pendant environ 15 minutes. Prenez soin de bien laisser sécher votre pâte à choux.

Sortez du four dès qu'elle présente une teinte brun caramel.

Coupez un chou en deux pour vous assurer de sa bonne cuisson.

JE PRÉPARE TOUJOURS UNE QUANTITÉ SUFFISANTE DE PÂTE À CHOUX. UNE FOIS QU'ELLE EST CUITE, JE LA STOCKE DANS UNE BOÎTE HERMÉTIQUE ET JE LA RÉSERVE AU CONGÉLATEUR. IL SUFFIT ENSUITE DE LA RÉCHAUFFER QUELQUES MINUTES AU FOUR AVANT DE LA DÉGUSTER.

PÂTE
DE FRUITS SECS

INGRÉDIENTS

NOISETTES OU PISTACHES OU PIGNONS OU NOIX DE PÉCAN OU GRAINES DE SÉSAME OU CACAHUÈTES .... 500 g

PRÉPARATION : 30 MIN

Réalisation :

Préchauffez votre four à 150 °C (th. 5), puis mettez-y à torréfier les fruits choisis.

Lorsque la couleur des fruits secs devient caramel brun, sortez-les du four et laissez refroidir à température ambiante.

Broyez le tout au Robot-Coupe® muni d'une lame et stockez dans une boîte hermétique au réfrigérateur.

LES PÂTES DE NOISETTES, PISTACHES, ETC., COÛTENT TRÈS SOUVENT UNE FORTUNE DANS LE COMMERCE. ELLES POSSÈDENT DES AMÉLIORANTS, DES COLORANTS ET PLEIN D'AUTRES INGRÉDIENTS QUI NUISENT À LEUR QUALITÉ. IL EST BIEN PLUS SIMPLE DE LES RÉALISER SOI-MÊME AVEC DES FRUITS SECS EXCEPTIONNELS, COMME LA PISTACHE DE SICILE, LA NOISETTE DU PIÉMONT...

PRALINÉ NOISETTE
MAISON

NOISETTES DU PIÉMONT AVEC LEUR PEAU	300 g
SUCRE	200 g
SEL FIN	1 PETITE PINCÉE

PRÉPARATION : 45 MIN

Réalisation :

Préchauffez votre four à 150 °C (th. 5), puis mettez-y à torréfier les noisettes.

Lorsque la couleur des noisettes devient caramel brun, sortez-les du four et laissez-les refroidir.

Frottez les noisettes entre vos mains pour les débarrasser de leur peau.

Dans une casserole, faites cuire le sucre à sec jusqu'au caramel blond foncé, ajoutez les noisettes ainsi que le sel, mélangez puis débarrasser sur une feuille de papier cuisson.

Laissez refroidir à température ambiante, broyez ensuite le tout au Robot-Coupe® muni d'une lame et stockez dans une boîte hermétique à température ambiante.

LES NOISETTES, COMME LES NOIX DE PÉCAN, CACAHUÈTES OU GRAINES DE SÉSAME, SE PRÊTENT MAGNIFIQUEMENT BIEN À CETTE RECETTE DE PRALINÉ MAISON.

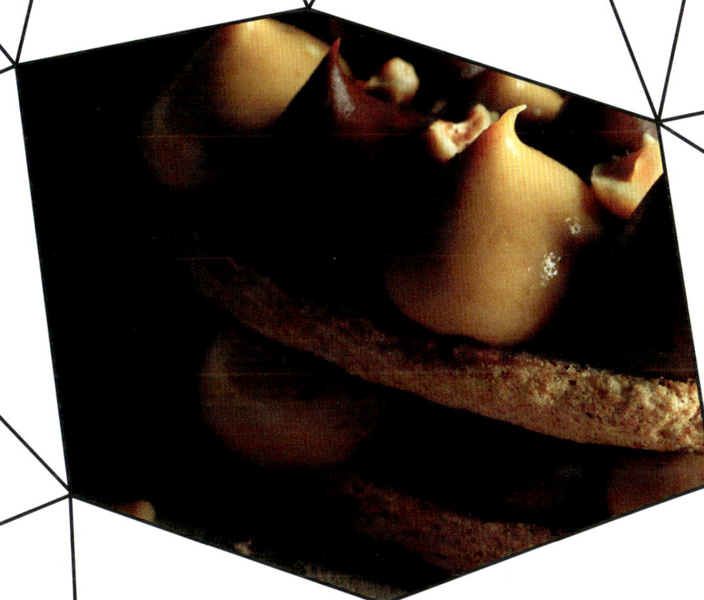

MES MEILLEURES ADRESSES

PAINS

Le pain des amis de Christophe Vasseur
DU PAIN ET DES IDÉES
34, rue Yves-Toudic – 75010 Paris
www.dupainetdesidees.com

PÂTISSERIE

DES GÂTEAUX ET DU PAIN
Claire Damon
63, boulevard Pasteur – 75015 Paris
www.desgateauxetdupain.com

PÂTISSERIE FRESSON
Franck et Christelle Fresson
17, rue du Grand-Cerf – 57000 Metz
www.fresson-chocolatier-patissier.fr

PÂTISSERIE PAIN DE SUCRE
Didier Mathray et Nathalie Robert
14, rue Rambuteau – 75003 Paris
www.patisseriepaindesucre.com

PÂTISSERIE ARNAUD LARHER
Arnaud et Caroline Larher
53, rue Caulaincourt – 75018 Paris
www.arnaud-larher.com

PÂTISSERIE PIERRE HERMÉ
72, rue Bonaparte – 75006 Paris
www.pierreherme.com

PÂTISSERIE LENÔTRE
121, avenue de Wagram – 75017 Paris
www.lenotre.fr

PÂTISSERIE CARL MARLETTI
51, rue Censier – 75005 Paris
www.carlmarletti.com

PÂTISSERIE DES RÊVES
Philippe Conticini et Angelo Musa
93, rue du Bac – 75007 Paris
www.lapatisseriedesreves.com

PÂTISSERIE SÉBASTIEN BOUILLET
Sébastien et Delphine Bouillet
15, place de la Croix-Rousse – 69004 Lyon
www.chocolatier-bouillet.com

PÂTISSERIE VINCENT GUERLAIS
Vincent et Karen Guerlais
11, rue Franklin – 44000 Nantes
www.vincentguerlais.com

PÂTISSERIE MICHEL BELIN
4, rue Docteur-Camboulives – 81000 Albi
www.michel-belin.com

PÂTISSERIE LAURENT LEDANIEL
19, rue Jules Simon – 35000 Rennes
www.patisserieledaniel.fr

PÂTISSERIE PHILIPPE RIGOLLOT
Philippe et Élodie Rigollot
1, place Georges-Volland – 74000
Annecy www.philipperigollot.com

PÂTISSERIE LAC
Pascal et Valérie Lac
18, rue Barla – 06000 Nice
www.patisseries-lac.com

PÂTISSERIE SADAHARU AOKI
35, rue de Vaugirard – 75006 Paris
www.sadaharuaoki.com

HUGO & VICTOR
Hugues Pouget et Sylvain Blanc
40, boulevard Raspail – 75007 Paris
www.hugovictor.com

DESSERTS ASSIETTE

HÔTEL DE CRILLON
Jérôme Chaucesse
10, place de la Concorde – 75008 Paris
www.crillon.com

RESTAURANT LE PRÉ CATELAN
Christelle Brua
Route de Suresnes, bois de Boulogne – 75016 Paris
www.precatelanparis.com

HÔTEL TRIANON PALACE
Eddie Benghanem
1, boulevard de la Reine – 78000 Versailles
www.trianonpalace.fr

GLACES

GROM
81, rue de Seine – 75006 Paris
www.grom.it

ALAIN CHARTIER
25, place des Lices – 56000 Vannes
www.alainchartier.fr

FRIANDISES

PAULETTE MACARONS
9466 Charleville Boulevard at Beverly Drive Beverly Hills – CA 90212 Los Angeles
www.paulettemacarons.com

FRANÇOIS PRALUS
8, rue Charles-de-Gaulle et Les Halles Diderot – 42300 Roanne
www.chocolats-pralus.com

ÉCOLE INTERNATIONALE OLIVIER BAJARD
355, rue Docteur-Parcé – 66000 Perpignan
www.olivier-bajard.com

CHOCOLAT

FABRICE GILLOTTE
21, rue du Bourg – 21000 Dijon
www.fabrice-gillotte.fr

BERNACHON
42, cours Franklin-Roosevelt – 69006 Lyon
www.bernachon.com

PATRICK ROGER
108, boulevard Saint-Germain – 75006 Paris
www.patrickroger.com

LUC EYRIEY
Place Barthelon – 05200 Embrun
www.luceyriey.com

ÉDOUARD HIRSINGER
38, place de la Liberté – 39600 Arbois
www.chocolat-hirsinger.com

JEAN-PAUL HÉVIN
231, rue Saint-Honoré – 75001 Paris
www.jphevin.com

PHILIPPE BEL
33, rue Tupinerie – 42601 Montbrison
www.chocolatphilippebel.fr

CHRISTIAN CAMPRINI
12, chemin du Tuvere – 06650 Opio

SALON DE THÉ

CARETTE
4, place du Trocadéro – 75016 Paris
www.carette-paris.fr

ANGELINA, PÂTISSERIE ET SALON DE THÉ
226, rue de Rivoli – 75001 Paris
www.angelina-paris.fr

LADURÉE
75, avenue des Champs-Élysées – 75008 Paris
www.laduree.fr

MES PRODUITS PRÉFÉRÉS

CHOCOLATS VALRHONA
www.valrhona.com

MARRONS IMBERT
www.marrons-imbert.com

PURÉES DE FRUITS RAVIFRUIT
www.ravifruit.com

PCB CRÉATION (tout le décor de vos pâtisseries)
www.pcb-creation.fr

MERCI

Merci, merci, merci…

À MA FAMILLE, qui m'a inculqué les vraies valeurs de la vie. À Delphine, Darius et Victor.

À MES INDÉFECTIBLES AMIS, qui me portent chaque jour plus haut grâce à leur confiance.

À MON ÉQUIPE, qui me donne la force de vivre mes rêves.

À STÉPHANE DE BOURGIES & AU STUDIO ROUGEREAU, pour leur superbe travail et leur talent.

À MON PHOTOGRAPHE préféré du Studio des Fleurs, qui immortalise chacune de mes créations.

À MA MAISON D'ÉDITION, qui croit en la valeur de mon métier.

AU PLAZA ATHÉNÉE, qui m'a permis de réaliser ce livre dans la joie et la bonne humeur.

À tous ces incroyables professionnels que je rencontre à travers le monde.

À tous ceux qui partagent avec moi l'envie insatiable de créer des émotions.

Pour vous, et surtout grâce à vous, merci du fond du cœur…

www.christophemichalak.com